새신자를 위한 가이드

교회에서 알아야 할 50가지

정봉기 지음

쿰란출판사

머리말

할렐루야! 주의 크신 이름으로 인사드립니다.

이제 교회에 처음으로 출석하신 것을 진심으로 축하합니다. 교회는 여러분을 위하여 세심한 배려와 사랑으로 여러 가지 프로그램을 준비해 놓고 있습니다.

모든 기관은 다 나름의 목적에 의해 세워졌습니다. 경찰서는 범죄를 막고 치안 유지를 위해 세워졌는가 하면 교회는 복음 전파와 지도자 양성, 지역사회 봉사를 그 첫째 가치로 삼고 세워진 기관입니다. 이 세상에는 하나님이 직접 만드신 제도와 기관이 딱 두 가지 있습니다. 첫째는 가정이고, 둘째는 교회입니다. 교회는 그 본연의 목적을 이루기 위해 하나님이 직접 세우시고, 직접 다스리십니다. 그래서 모든 교회들이 오늘도 쉬임없이 복음 전도의 사명을 가지고 뛰고 있습니다.

교회는 여러분을 소중한 우리의 식구로 맞아들이면서 하나님께서 여러분을 향하여 창세 전에 예비해 놓으셨던 축복으로 쏟아 부어 주시기를 간구합니다. 아울러 새로운 식구들을 맞이하는 우리들도 하나님의 도우심이 넘치기를 간절히 기도합니다. 아무쪼록 어렵게 결단을 내리신 대로 진리를 깨닫고 생명의 풍성함을 얻어 가셔서 더 많은 이웃에게 사랑과 진리를 나누어 주는 좋은 이웃으로 성장해 가시기를 당부합니다.

_____교회 담임목사

목 차

머리말 · 3

1부 새신자 오리엔테이션 | 7

1. 교회는 어떤 곳인가요? · 8
2. 우리 교회는 어떤 곳인가요? · 12
3. 어떻게 사는 것이 보람될까요? · 15
4. 사람의 최고 행복은 하나님을 영화롭게 하는 것입니다 · 17
5. 우리는 어떻게 하나님을 영화롭게 할 수 있나요? · 19
6. 우리 교회는 어떻게 예배드리나요? · 22
7. 예배에는 어떤 순서들이 있나요? · 24
8. 우리 교회는 어떤 순서로 예배를 드리나요? · 28
9. 헌금은 왜 하나요? · 30
10. 기도는 어떻게 해야 하나요? · 33
11. 기도가 너무 힘이 들어요 · 35
12. 신앙과 믿음이 좀더 빨리 자라려면 · 40
13. 신앙을 점검하는 방법이 있을까요? · 43
14. 성경을 가까이하고 싶어요 · 48
15. 전도는 왜 해야 하나요? · 52
16. 우리 교회는 어떻게 전도하나요? · 57

17. 교회는 어떻게 운영되나요? · 60
18. 우리 교회의 운영방법은 무엇인가요? · 62
19. 교회에는 어떤 조직이 있나요? · 69
20. 우리 교회의 조직을 알려 주세요 · 73
21. 우리 교회의 기초 모임 · 76
22. 교회의 직원이란 무엇인가요? · 77
23. 우리 교회에는 어떤 직원이 있나요? · 80
24. 우리 교회의 직원 선발 기준은 무엇인가요? · 82

2부 새신자와의 대화 | 85

25. 신앙의 길로 가려는 분들에게 · 86
26. 우용식 씨를 생각하며 · 89
27. 마귀, 사단 노이로제 · 92
28. 영적 죽음이란? · 95
29. 영화 "타이타닉"을 보고 · 98
30. 하나님은 인간을 얼마나 사랑하시나요? · 101
31. His-story의 뜻? · 103
32. 벤허와 같이? · 105
33. 교회는 왜 가야 하나요? · 109
34. 교회는 꼭 가야 하나요? · 111

목 차

35. 영적 성장이 무엇인가요? · 115
36. 기독교의 첫 이름 · 120
37. 노아의 홍수는 사실인가요? · 124
38. 가톨릭 교회는 정통 교회가 아닌가요? · 128
39. 교황제도의 문제점 · 132
40. 마리아 숭배는 어떤가요? · 143
41. 종교개혁과 면죄부 · 147
42. 기독교 박해와 종교재판 · 149
43. 최초 교회의 성립 · 153
44. 천국이냐, 하나님 나라냐? · 157
45. 그때에 이루어질 성령 강림 · 161
46. 천국의 위치 · 164
47. 성령의 법 · 167
48. 다윗의 언약은 무엇인가요? · 171
49. 기독교의 구원공식 · 172
50. 자력구원과 타력구원의 차이 · 173

■ 새신자를 위한 자기점검표 · 175

1부

새신자 오리엔테이션

1. 교회는 어떤 곳인가요?

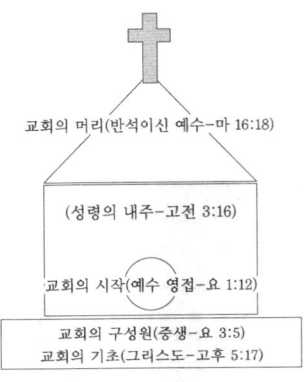

1. 당신은 거듭난 하나님의 자녀입니까? 거듭나지 않으면 (   )
   가 될 수 없습니다.

   (1) (   )는 예수 그리스도께서 친히 세우셨습니다.
       그것은 사람들의 창작품이 아닙니다. 사람들에 의해 만들어진 제도가 아닙니다.

   "내가 이 반석 위에 내 교회를 세우리니 음부의 권세가 이기지 못하리라"(마 16:18).

   (2) (   )는 그리스도 예수 안에 있는 사람들의 모임입니다.
       교회는 건물(building)을 말하는 것이 아닙니다.

---

* 교회

"그런즉 누구든지 그리스도 안에 있으면 새로운 피조물이라 이전 것은 지나갔으니 보라 새것이 되었도다"(고후 5:17).

(3) (   )는 거듭난(중생 : born again) 사람들의 모임입니다. 그러므로 전 세계의 모든 거듭난 사람은 한 교회입니다.

"진실로 진실로 네게 이르노니 사람이 거듭나지 아니하면 하나님 나라를 볼 수 없느니라"(요 3:3).

(4) (   )에 있는 사람들은 하나님의 자녀라고 부릅니다. 그러므로 세상 사람들은 마귀의 자녀라고 부르는 것입니다.

"영접하는 자 곧 그 이름을 믿는 자들에게는 하나님의 자녀가 되는 권세를 주셨으니"(요 1:12).

(5) 믿는 사람들은 각각 성전이며 그 연합된 (   )도 하나님이 거하시는 성전이 됩니다.

"너희가 하나님의 성전인 것과 하나님의 성령이 너희 안에 거하시는 것을 알지 못하느뇨"(고전 3:16).

(6) (   )에는 영적인 지도자가 있어서 양 떼들을 돕도록 하였습니다. 그러므로 지도자는 하나님이 친히 세우십니다.

"……성령이 저들 가운데 너희로 감독자를 삼고 하나님이 자기 피로 사신 교회를 치게 하셨느니라"(행 20:28).

---

* 교회

지상에는 두 종류의 교회가 있습니다. 눈에 보이는 건물과 그 안에 있는 신자들의 결집체인 유형교회[가시적(可視的) 교회]와 눈에 보이지는 않지만 전 세계에 있는 모든 교회가 다 영적으로 하나인 무형교회(비가시적 교회)가 그것입니다. 이것이 사도신경에서 말하는 거룩한 공회(Holy Catholic — 거룩한 가톨릭)입니다.

▶ 잠깐만! 이것만은 알아두세요!

교회의 표지, 십자가

먼저 이 이야기부터 들어보자.
어떤 마을에 잘 지어진 아름다운 교회가 있었다. 이 교회의 벽에는 선명한 글씨로 다음과 같이 씌어 있었다.
"우리는 십자가에 못박힌 그리스도를 믿는다."
그런데 언제부터인가 건물 벽에 담쟁이 넝쿨이 자라나기 시작했다. 그래서 벽에 쓰인 글들이 가려지기 시작했다. 벽에 쓰인 글 중에서 먼저 "십자가에 못박힌"이란 부분을 담쟁이 넝쿨이 가렸다. 그래서 "우리는 그리스도를 믿는다"라는 말만 보였다. 얼마 후 담쟁이 넝쿨이 더 자라나서 이번에는 "그리스도를"을 가리게 되었다. 결국 남은 말은 "우리는 믿는다"는 말뿐이었다. 끝내는 이 담쟁이 넝쿨이 벽을 모두 가려 원래 있던 글을 볼 수 없게 되었다. 그러자 그 마을의 목사가 이야기했다.
"기독교에서 예수 그리스도를 빼보라. 예수님에게서 십자가를 빼보라. 십자가에서 당한 고통과 죽음의 의미를 빼보라. 그러면 우리가 믿는 이 신앙에는 무엇이 남겠는가? 아예 기독교의 존재 가치마저도 없어질 것이다."
그러므로 기독교는 예수 그리스도가 십자가에 못박혀 죽은 순간부터 종교로서 시작되었다고 보면 된다. 불교는 부처가 없어도 성립한다. 왜냐하면 내가 부처가 될 수 있기 때문이다. 하지만 기독교는 예수를 빼고서는 성립하지 않는다. 왜냐면 인간의 목표는 구원에 있는데, 그를 보태어 더하지 않고는 구원이 없다고 하기 때문이다.

2. 우리 교회는 어떤 곳인가요?

1. 우리 교회와 대부분의 교회들의 비전은 다음의 세 가지로 요약할 수 있습니다.

   "묵시(비전 : vision)가 없으면 백성이 방자히 행하거니와 율법을 지키는 자는 복이 있느니라"(잠 29:18).

   첫째, 평신도 지도자 양성

   "그러므로 너희는 가서 모든 족속으로 제자를 삼아 아버지와 아들과 성령의 이름으로 세례를 주고 내가 너희에게 분부한 모든 것을 가르쳐 지키게 하라 볼지어다. 내가 세상 끝날까지 너희와 항상 함께 있으리라 하시니라"(마 28:19~20).

   둘째, 지역사회 전도와 봉사

   "너희는 세상의 소금이니 소금이 만일 그 맛을 잃으면 무엇으로 짜게 하리요 후에는 아무 쓸데 없어 다만 밖에 버리워 사람에게 밟힐 뿐이니라 너희는 세상의 빛이라 산 위에 있는 동네가 숨기우지 못할 것이요"(마 5:13~14).

셋째, 제3세계에 대한 선교사 파송

"또 가라사대 너희는 온 천하에 다니며 만민에게 복음을 전파하라"(막 16:15).

우리 교회는 세상 끝까지 복음을 전하려는 목표를 가지고 있습니다. 교회 제일 첫째 되는 사명은 (　　　) 전파입니다.

"오직 성령이 너희에게 임하시면 너희가 권능을 받고 예루살렘과 온 유대와 사마리아와 땅 끝까지 이르러 내 증인이 되리라 하시니라"(행 1:8).

2. 한국교회, 그리고 우리 교회는 외국의 선교사들이 (　　　)을 전해 주었기 때문에 탄생되었습니다.
   그러므로 교회는 하나님의 종들이 수고했기에 생긴 것입니다.

교회 설립
선배 목사들의 순교와 전도
선교사들의 한국 선교
사도들의 복음 전파
예수 그리스도의 죽음과 부활

"그런즉 저희가 믿지 아니하는 이를 어찌 부르리요 듣지도 못한 이를 어찌 믿으리요 전파하는 자가 없이 어찌 들으리요"(롬 10:14).

* 복음

▶ 잠깐만! 이것만은 알아두세요!

왜 교회의 표지는 십자가인가?

종교마다 종교를 상징하는 문장이 있고 회사에는 로고가 있으며, 상표에는 심벌마크가 있다. 불교는 전통적으로 만(卍)자가 중요한 표상이고, 연꽃이 상징화(象徵花)이다. 영화나 기록사진에서 종종 보이는 나치스의 표시는 역만자(유리겐트)이다. 그리고 알다시피 기독교의 상징은 십자가이다.

물론 십자가는 오늘날 기독교의 상징으로 사용되고 있지만 그리스도 탄생 훨씬 이전부터 세계 각지에서 다양한 의미로 쓰이고 있었다는 데에 동의한다. 고대 페르시아인, 페니키아인, 에트루리아인, 로마인, 켈트인, 그리고 아메리카 대륙의 원주민에 이르기까지 십자가는 종교적인 상징이었다. 그래서 15세기 이래로 신대륙에 발을 디디게 된 유럽 탐험가들은 아메리카의 원주민들이 자신들과 마찬가지로 십자가를 숭배하는 것을 목격하고 어리둥절했었다는 일화도 전해진다.

하지만 그때나 지금이나 기독교의 상징물은 오직 십자가 하나뿐이다. 왜냐면 십자가보다 기독교를 더 잘 나타내는 상징물은 없다고 보았기 때문이다.

3. 어떻게 사는 것이 보람될까요?

사람이 사는 목적은 무엇보다 하나님을 (   )롭게 하고 영원토록 그분의 이름을 찬양하는 것입니다. 신자가 되고 교회에 나와 해야 할 일은 무엇보다 정기적인 예배를 통하여 하나님을 경배하고 찬양하며 그분의 이름을 높이는 것입니다.

"형통할 때는 기뻐하십시오. 그리고 곤고할 때는 말씀을 통해 하나님의 뜻을 생각하십시오. 하나님이 이 두 가지를 사는 날 동안 병행하게 하시며 또 사람으로 장래 일을 능히 알지 못하게 하셨기 때문입니다"(전 7:14).

"하나님이 기뻐하시는 제사는 우리의 입술로 항상 '감사합니다' '고맙습니다' '사랑합니다'와 같은 긍정적인 말로 드리는 찬미의 제사입니다. 이와 같은 제사를 하나님이 거룩한 산 제사로 기쁘게 받으십니다"(히 13:15).

---

* 영화

▶ 잠깐만! 이것만은 알아두세요!

십자가의 의미는?

　사람들은 기독교인들이 십자가를 경배한다고 말한다. 하지만 십자가는 상징일 뿐이지 결코 경배의 대상이 아니다. 그것은 극악한 죄인을 사형시키는 처형대였다. 헬라어 '스타우로스'는 동사 '히스테미'(어근은 '세우다'라는 뜻)에서 온 것이며, 본래 '수직 버팀대' 또는 '말뚝'을 뜻하였다. 범죄자는 말뚝에 매이거나 말뚝에 질러 꿰는 형에 처해졌다. 그러나 신약시대에 들어와 '스타우로스'는 땅에 박은 말뚝을 뜻했으며, 그 위에 T자형으로 횡대가 가설되었다. 그러므로 '십자가'란 말은 이 횡대만을 뜻할 때가 있다.
　십자가 처형 방법은 동양에서 기원하였다. 그리고 페르시아인들로부터 이 방법을 배워 온 자는 알렉산더 대왕(Alexander the Great)이었다. 그후 로마인들은 카르타고(Carthage)의 페니키아인들을 통해 이 방법을 배웠으며, 사형 방법으로 이를 사용하였다. 그러나 로마인들은 노예, 도둑, 암살자 및 반란을 일으킨 속주민에게만 십자가형을 실시하였다. 그러므로 로마 시민이 십자가형에 처해지는 경우는 극히 희소했다(Cicero, In Ver 1. 5. 66). 따라서 바울이 참수형에 처해졌다. 그런데 예수가 이 끔찍한 십자가형을 당한 것이다.
　만약 형제나 친척 중에 십자가형을 당한 사형수가 있다면 그것을 드러내 놓고 자랑하고 다닐 사람이 있겠는가? 그리고 그것을 잘 보이는 높은 곳에 걸어 두고 보라고 선전하겠는가? 참으로 기독교인은 가증한 자들이든지 미련한 자들이었을 것이다. 아니면 우리가 알지 못하는 비밀이 십자가에 있다는 말인가? 그것은 참으로 흥미 있는 탐색 주제이다.

4. 사람의 최고 행복은 하나님을 영화롭게 하는 것입니다

인간은 영적인 존재로 지음을 받았습니다. 대개의 사람들은 자신의 육체만을 즐겁게 하기 위해 걱정하며 살아갑니다. 또 어떤 사람들은 고도의 정신문명을 향유하는 것이 최고의 가치라고 생각합니다. 그러나 인간은 영이 있는 존재입니다. 믿음·소망·사랑·예배·찬양 이런 것들은 영에 속한 것입니다. 그리고 이런 것들은 변하지 않는 것들입니다.

1. 인간은 하나님을 (　　　　)롭게 해야 합니다.

그것은 하나님은 존재에 있어서나 행동에 있어 절대적이고 영원하심을 인정하는 것입니다.

> "만일 누가 말하려면 하나님의 말씀을 하는 것같이 하고 누가 봉사하려면 하나님의 공급하시는 힘으로 하는 것같이 하라 이는 범사에 예수 그리스도로 말미암아 하나님이 영광을 받으시게 하려 함이니 그에게 영광과 권능이 세세에 무궁토록 있느니라 아멘"(벧전 4:11).

2. 그러면 우리는 어떻게, 어떤 방법으로 그분에게 (　　　　)을 돌릴 수 있을까요?

---

* 영화, 영광

우리는 삶의 전 영역에서 스포츠, 교회, 가정, 직장 어디에서라도 그분을 위해서 해야 하고 그분을 의식하며 해야 합니다.

"그런즉 너희가 먹든지 마시든지 무엇을 하든지 다 하나님의 영광을 위하여 하라"(고전 10:31).

3. 왜 하나님을 (　　　　)롭게 해야만 할까요?

만물도 우리도 모두 그분 그리스도 안에서 지음을 받고 새롭게 창조되었기 때문입니다.

"만물이 그로 말미암아 지은 바 되었으니 지은 것이 하나도 그가 없이는 된 것이 없느니라"(요 1:3).

---

* 영화

5. 우리는 어떻게 하나님을 영화롭게 할 수 있나요?

시편 100편 3절에서 노래하기를 "여호와가 우리 하나님이신 줄 너희는 알지어다 그는 우리를 지으신 자시요 우리는 그의 것이니 그의 백성이요 그의 기르시는 양이로다"라고 했습니다. 즉 우리는 이제 그분의 것이 되었기 때문에 당연히 그분을 영화롭게 해야 하는 것입니다.

1. 그러면 어떻게 하는 것이 하나님을 (   )롭게 하는 것일까요?
제일 중요한 것은 하나님께 감사의 예배를 드리는 것입니다.

"감사로 제사를 드리는 자가 나를 영화롭게 하나니 그 행위를 옳게 하는 자에게 내가 하나님의 구원을 보이리라"(시 50:23).

2. 그렇다면 어떻게 (   )를 드려야 할까요?
성경 중 시편은 하나님을 즐거이 노래한 것입니다. 즉 찬양이 합당한 예배입니다.

"주 나의 하나님이여 내가 전심으로 주를 찬송하고 영영토록 주의 이름에 영화를 돌리오리니"(시 86:12).

3. 형식적인 예배 외에 또 어떤 방법으로 그분을 (   )롭게 할 수 있을까요?

---

* 영화, 예배, 영화

하나님을 사랑하기 때문에 다른 사람들에게 하나님을 자랑스럽게 얘기하는 것입니다.

"내가 여호와를 항상 송축함이여 그를 송축함이 내 입에 계속하리로다 내 영혼이 여호와로 자랑하리니 곤고한 자가 이를 듣고 기뻐하리로다"(시 34:1~2).

4. 하나님이 가장 (   )하시는 삶은 무엇일까요?
그것은 내가 얻은 구원을 기뻐하고 구원받지 못한 이웃에게 구원의 진리를 전도하는 것입니다.

"그러므로 너희는 가서 모든 족속으로 제자를 삼아 아버지와 아들과 성령의 이름으로 세례를 주고 내가 너희에게 분부한 모든 것을 가르쳐 지키게 하라 볼지어다 내가 세상 끝 날까지 너희와 항상 함께 있으리라 하시니라"(마 28:19~20).

* 기뻐

▶잠깐만! 이것만은 알아두세요!

초대교회의 상징

초대교회의 상징으로 오랫동안 사용되었던 물고기 그림. 오병이어를 상징한다.

$IXΘYΣ$(익투스, $ιχθυs$; 물고기)
물고기의 뜻을 가진 헬라어 익투스($IXΘYΣ$)는 상당히 깊은 뜻과 의미를 지니고 있다.

에수스 크리스토스 데오스 휘오스 소테르, 즉 "예수 그리스도 하나님의 아들 구세주"라는 고백이다. 각 단어의 첫 머리글자만 모으면 바로 '물고기(익투스)'라는 단어가 된다. 자세한 뜻과 의미와 시대배경은 뒤에 언급하기로 하고, 먼저 물고기(익투스)의 상징 단어를 알아보겠다.

$Iησους$(예수스; 예수)
$Χριστος$(크리스토스; 그리스도)
$θεος$(데오스; 하나님)
$Υιος$(휘오스; 아들)
$Σωτηριας$(소테리아스; 구세주)

6. 우리 교회는 어떻게 예배드리나요?

우리 교회는 하나님의 자녀와 그의 백성들로서 하나님께 영광을 돌리는 것을 최우선의 목표로 하고 있습니다. 그러므로 우리 교회에 속한 모든 성도들은 예배를 드려야 하며, 예배의 의미와 가치를 알고 있어야 합니다.

1. 우리 교회의 예배 시간은 언제입니까?
   (   )은 주님의 부활을 기념하는 뜻깊은 날이요, 우리의 구원을 확증해 주는 소중한 날입니다. 초대교회 성도들은 주일날에 모였습니다.

   "날마다 마음을 같이하여 성전에 모이기를 힘쓰고 집에서 떡을 떼며 기쁨과 순전한 마음으로 음식을 먹고 하나님을 찬미하며 또 온 백성에게 칭송을 받으니 주께서 구원받은 사람을 날마다 더하게 하시니라"(행 2:46~47).

   주일예배 : 새벽 1부 예배 : _____
   　　　　　　주일 2부 낮예배 : _____
   　　　　　　주일 3부 낮예배 청년 : _____
   　　　　　　주일 저녁 찬양예배 : _____

* 주일

2. 우리 교회의 기도 시간은 언제입니까?

　　초대교회 성도들은 (　　　)를 통하여 하나님을 영화롭게 했습니다.

　　"제구시 기도 시간에 베드로와 요한이 성전에 올라갈새"(행 3:1).

　　수요기도회 : 매주 수요일 오후 7시
　　　　　　　　(계절에 따라 약간 차이가 있음)
　　철야기도회 : 매주 금요일 오후 10시(혹은 9시)

3. 예수님은 새벽기도회 시간을 가지셨는데, 우리 교회는 언제 새벽기도회를 가집니까?

　　"(　　　) 오히려 미명에 예수께서 일어나 나가 한적한 곳으로 가사 거기서 기도하시더니"(막 1:35).

　　새벽기도회 1부 : 매일 새벽 5~6시
　　새벽경건의 시간 2부 : 매일 아침 7~8시

---

* 기도, 새벽

7. 예배에는 어떤 순서들이 있나요?

교회는 예배드리는 공동체입니다. 하나님은 우리에게 신령과 진정으로 예배드리라고 명령하셨습니다(요 4:24). 예배는 구원받은 하나님의 백성들만이 드릴 수 있는 특권입니다. 우리는 매주일 예배를 드립니다. 그러나 그 예배의 진정한 의미를 모르고서는 결코 하나님이 받으시기에 좋은 예배는 드릴 수 없습니다.

1. 왜 예배를 매주일 드려야만 할까요?
   하나님께 예배드릴 수 있는 문이 열렸고, 하나님은 (   )하는 자들을 찾고 계시기 때문입니다.

   "……아버지께서는 이렇게 자기에게 예배하는 자들을 찾으시느니라" (요 4:23).

2. 예배는 어떻게 드려야 할까요?
   (   )는 일차적으로 하나님께 드리는 것입니다. 즉, 그분의 능력과 아름다운 하나님의 사랑에 대하여 그분의 인격을 높여드리는 것입니다.

   "시와 찬미와 신령한 노래들로 서로 화답하며 너희의 마음으로 주께 노래하며 찬송하며" (엡 5:19).

---

* 예배

3. 예배에서는 어떤 것을 하나님께 받게 될까요?

전심으로 (   )드리는 곳에 하나님께서 나타나십니다. 그 나타나심은 말씀의 분명한 뜻이 전달되고 이해되는 것으로 먼저 나타납니다.

"……오라 우리가 여호와의 산에 오르며 야곱의 하나님의 전에 이르자 그가 그 도(道)로 우리에게 가르치실 것이라 우리가 그 길로 행하리라 하리니 이는 율법이 시온에서부터 나올 것이요 여호와의 말씀이 예루살렘에서부터 나올 것임이니라" (사 2:3).

4. 예배드린 결과는 어떻게 될까요?

"저희가 다 성령의 충만함을 받고 (   )이 말하게 하심을 따라 다른 방언으로 말하기를 시작하니라" (행 2:4).

---

* 예배, 성령

▶ 잠깐만! 이것만은 알아두세요!

예배의 기초가 되는 십자가

십자가형의 고통

당시의 기록을 보면 사형수는 언도가 내려지자마자 쇠나 돌이 붙어 있는 가죽 채찍으로 심한 매질을 당했으며, 이때 이미 빈사상태에 빠졌다. 그 다음 사형수는 횡대를 어깨에 메고 이를 처형장소까지 운반하여야 하였다.[1] 사형수는 죄명을 기록한 판을 목에 걸고 있었으며, 처형지에서는 옷을 전부 벗어야 하였다. 그리고 기존하는 말뚝 위에 새로 가설한 횡대 위에 처형관들은 사형수를 매어 놓거나 못박았다. 십자가 형틀에는 버팀대가 가설되어 있었는데, 이것은 사형수가 팔에 가해지는 압박을 덜기 위하여 앉을 수 있는 의자의 역할을 하였다. 그러므로 군인들이 사형수의 다리를 꺾음으로써 죽음을 재촉하는 경우를 제외하면 죽음은 서서히 진행되게 마련이었다(요 19:31).

요세푸스(Josephus)에 의하면 팔레스틴에 있어서 십자가 처형은 일상 다반사였다고 한다.[2] 두 명의 도둑이 예루살렘에서 예수와 함께 십자가형에 처해졌다는 사실은 바로 이러한 주장을 뒷받침해 주는 것이다.

그러나 유대인들은 로마인들과는 달리 산 사람을 십자가에 매달지 않았다. 그러나 유대인들은 사형수에 대한 형벌을 강화하고 사형수

---

1) Plutarch, De Ser. Num. Vind, 9.554 A.
2) Antiq. 17. 10. 10:2.5.2: Wars, 2.12.6,13.2,14.9:15.1.1.

에게 공개적인 창피를 주기 위하여 그의 시체를 나무 위에 매달아 놓을 때가 많았다(민 25:4; 수 10:26; 삼상 31:10). 또한 유대인들은 이렇게 나무에 매달린 자는 하나님의 저주를 받은 자라고 생각하였다(신 21:22~23).

그러므로 십자가 처형은 유대인들이 더 혐오하는 것이었다(고전 1:23; 갈 3:13). 이 점은 로마인들에게도 마찬가지였다. 키케로(Cicero)는 "십자가라는 명칭 자체를 로마 시민의 몸에서 멀리 떨어지게 하고 로마 시민의 생각과 눈과 귀에 닿지 않도록 하라"고 쓴 적이 있다(Pro Rab. 5).

8. 우리 교회는 어떤 순서로 예배를 드리나요?

교회가 드리는 예배 중 결코 잃어버려서는 안 되는 두 축이 있습니다. 그리고 그 두 축은 균형이 잘 맞아야 합니다. 신령의 측면은 성령의 감동하심을 말합니다. 인간의 마음을 감동하시는 성령님께 우리의 마음을 내어 맡길 때 자유스럽고 뜨거운 분위기가 되는 것을 말합니다. 그러나 신령의 측면만 있고 진정의 측면, 즉 내용과 진리의 측면이 없을 때 그 예배는 무질서로 흐르기 쉽습니다.

1. (   )한 예배가 되기 위해서는 어떻게 해야만 할까요?

예배의 주도권이 사람에게 있는 것이 아니라 성령님께 있다는 것을 믿고 예배를 인도하는 자나 함께 예배드리는 사람이 모두 성령님을 의존해야 합니다. 즉 마음속에서 일어나는 감동을 억제하거나 자제할 필요 없이 그분께 내어 맡기는 것입니다.

---

* 신령

"저희가 듣고 일심으로 하나님께 소리를 높여 가로되 대주재여……" (행 4:24).

2. (　　　)한 예배이기 위해서는 어떤 정성이 필요할까요?

진정한 예배란 준비된 예배를 말합니다. 성경적인 테두리 안에서 미리 준비되고 다듬어진 상태에서 드려져야 합니다. 적어도 예배에는 다음의 순서가 필요합니다.

드리는 요소	① 묵　　도 마음을 모아 성령님이 감동하시도록 하나님을 깊이 생각하는 것 ② 기　　원 예배가 시작되었음을 알리고 하나님을 초청하는 것 ③ 찬　　송 하나님의 인격을 높이 기리며 노래하고 감사하는 것 ④ 교 독 문 특별히 하나님을 찬양한 시편을 주고받으며 묵상하는 순서 ⑤ 신앙고백 사도들이 신앙고백을 통하여 하나 되는 고백을 하는 시간 ⑥ 찬　　송 주실 말씀을 사모하며 은혜를 주시기를 찬양하는 것 ⑦ 헌　　금 준비해 온 여러 가지 헌금을 드리며 감사를 드리는 시간 ⑧ 기　　도 하나님께 감사하고 지난 주간을 돌아보고 오는 주간을 부탁드리는 기도, 그리고 예배를 받으시고 은혜 주시기를 간구하는 기도
받는 요소	⑨ 성경봉독 준비된 설교 본문을 펴놓고 함께 성경을 읽는 시간 ⑩ 설교 오늘 이 시대에 말씀하시는 하나님의 음성을 듣고 선포를 받는 시간 ⑪ 축　　도 하나님의 성삼위의 은총이 함께하시기를 축원하는 선포 ⑫ 광　　고 교회의 대소 소식을 알려서 성도간의 교제가 원활하도록 돕는 것

* 진정

9. 헌금은 왜 하나요?

　교회에 나오기 시작하면 꼭 사람들로 하여금 고민에 빠지게 하는 문제가 있습니다. 그것은 헌금의 문제입니다. 헌금이 마치 그 사람의 신앙이나 인격을 대표하는 것처럼 생각되는 것도 문제겠지만 성경적인 헌금을 강조하지 않는 것도 역시 문제입니다. 또 헌금을 한다 해도 하나님이 기뻐하시는 헌금을 해야만 그것이 우리에게 축복이 되고 천국에서 우리의 상급이 됩니다.

1. 성경은 헌금을 강조하나요? (　　　)을 해야 하는 이유는 무엇인가요?

　예수님은 헌금을 강요하지는 않으셨습니다. 그러나 역시 주님을 사랑하는 자는 모든 것을 주를 위해 바치게 될 것을 말씀하셨습니다. 예수님과 복음을 위해, 즉 전도를 위해 우리는 헌금을 해야 합니다.

---

* 헌금

"예수께서 가라사대 내가 진실로 너희에게 이르노니 나와 및 복음을 위하여 집이나 형제나 자매나 어미나 아비나 자식이나 전토를 버린 자는 금세에 있어 집과 형제와 자매와 모친과 자식과 전토를 백 배나 받되 핍박을 겸하여 받고 내세에 영생을 받지 못할 자가 없느니라"(막 10:29~30).

2. (   )은 주로 어느 곳에 쓰여야 할까요?(100%)

① 교육 및 예배 경비 - 성도들을 말씀으로 교육시키고 예배드리는 데 쓰이는 경비. 담임교역자의 생활 및 활동비 포함(20%)

② 전도비, 구제비, 선교비 - 지역사회에 복음을 전파하는 데 쓰이는 경비와 전도사님들의 사례와 활동비. 어려운 일을 당했거나 현저하게 가난한 사람들을 부조하는 경비, 다른 나라에도 복음이 증거되도록 선교사를 돕는 경비(50%)

③ 사무 행정비 - 교회의 제반 살림과 행정을 꾸려 나가는 데 쓰이는 최소 경비(10%)

④ 건축 적립금 - 교회가 성도 수의 증가로 커질 경우 교회 건축을 위한 별도의 헌금(10%)

⑤ 기타 예비비 - 교회가 1년 예산을 세울 시에 10% 정도의 예비비를 책정하여 교회 예산을 여유 있게 준비하는 경비(10%)

※ 이것은 보통의 경우 교회가 일반적으로 세우는 재정원칙이며, 개척교회나 중·대형 교회의 경우는 교회의 형편에 따라서 그 비율을 조정할 수 있습니다.

* 헌금

▶ 잠깐만! 이것만은 알아두세요!

무신론자의 회심

한때 영국의 무신론자였던 리틀스톤과 길버트 웨스트(Girbert West)는 자기들이 무신론을 주장하는 데 두 가지 장애물이 있다는 사실을 알았다. 하나는 예수님이 부활하셨다는 사실이요, 다른 하나는 사도 바울의 변화였다. 그들은 이 두 가지 사실을 반증하기 위해서 연구하기 시작했다. 얼마 동안 연구한 뒤에 두 사람이 얻은 결론은 다음과 같다.

"우리도 더 이상 이에 대한 반증을 할 수가 없네. 우리는 이 연구를 통해서 오히려 예수님이 부활하셨다는 사실을 확인했을 뿐 아니라, 우리들이 죄인임을 잊고 살았음을 깨닫게 되었네. 그리고 어쩔 수 없이 그 예수님을 우리의 구주로 영접할 수밖에 없네."

부활의 문제는 이제 초대교회 당시처럼 양자택일의 방식으로 이해될 수 없다. 이 책은 부활에 대해 제기되는 의문들을 폭넓게 다루며 이를 통해 부활에 대한 양자택일적 이해를 넘어설 수 있도록 돕는다.

10. 기도는 어떻게 해야 하나요?

 대개의 사람들이 교회에 처음 나오게 되면 기도하는 것에 부담을 느낍니다. 교회에 오래 다닌 사람들을 보면 무척 기도도 잘하는 것 같고, 어떤 일정한 형식에 기도를 맞추어야만 할 것 같은 생각을 갖게 됩니다. 소리 내어 기도하거나 대표기도 하는 것을 스스로 배울 때까지 큰 부담을 가지고 교회에 나옵니다. 그러나 성경은 기도의 형식보다 중심, 즉 마음가짐이 더 중요하다고 가르쳐 줍니다.

1. 예수님은 어떤 종류의 (   )가 중요하다고 가르쳐 주셨을까요?
 사람에게 보이거나 사람을 의식하는 기도는 옳지 않다고 말씀하셨습니다. 오히려 하나님께 이야기하듯 마음 중심으로 하나님을 의식해야 합니다.

---

* 기도

"또 너희가 기도할 때에 외식하는 자와 같이 되지 말라 저희는 사람에게 보이려고 회당과 큰 거리 어귀에 서서 기도하기를 좋아하느니라 내가 진실로 너희에게 이르노니 저희는 자기 상을 이미 받았느니라"(마 6:5).

2. 기도는 간단하고 (   )하면 틀리는 것일까요?

그렇지 않습니다. 기도는 요점과 핵심을 명확하게 하여 짧아도 상관없습니다. 더욱이 공중 모임에서 대표로 기도하게 될 경우 길어야 3분 정도가 적당합니다.

"또 기도할 때에 이방인과 같이 중언부언하지 말라 저희는 말을 많이 하여야 들으실 줄 생각하느니라"(마 6:7).

3. 기도에는 어떤 종류가 있습니까?

기도는 모두 하나님께 우리의 사정과 형편을 아뢰는 것이지만 교회에서 여러 가지 (   )로 드릴 수 있습니다.

종류	내용	종류	내용
개인기도	혼자서 드리는 기도	금식기도	금식하며 기도하는 것
합심기도	여럿이 모여서 드리는 기도	산상기도	산에 가서 기도하는 것
묵상기도	소리 없이 마음으로 드리는 기도	대표기도	예배 중에 대표로 기도하는 것
새벽기도	새벽에 드리는 기도	작정기도	시간이나 날짜를 정해 기도하는 것
통성기도	소리 내어 부르짖는 기도	방언기도	방언으로 기도하는 것
철야기도	밤새워 드리는 기도	축도	목사가 삼위일체 되신 하나님께서 강복하시기를 구하는 기도

* 짧게, 형태

11. 기도가 너무 힘이 들어요

"……그러나 기도는 닫힌 문을 열게 하는 (   )입니다."

누구나 기도는 힘이 든다는 것을 알고 있습니다. 기도 걸음마를 하는 분이든 교회에 오래 다녀 기도를 잘하는 사람이든 간에 관계없이 누구라도 기도는 중노동이라는 것을 알게 됩니다. 그러나 속으면 안 됩니다. 마귀는 여러 가지 분주한 생각과 핑계로써 우리로 하여금 기도에 대하여 부담감을 느끼게 합니다. 기도 속으로 빠져 들어 가면 곧 기도의 힘과 위력을 알게 됩니다.

1. 기도는 꼭 해야 하는 것일까요?

그렇습니다. 갓 태어난 갓난아이가 울지 못하면 젖을 얻어먹지 못하듯 우리는 우리의 (   )를 늘 하나님께 알려드려야 합니다.

---
*능력, 상태

예수님께서도 친히 기도하심으로 모범을 보이셨습니다.

"새벽 오히려 미명에 예수께서 일어나 나가 한적한 곳으로 가사 거기서 기도하시더니"(막 1:35).

2. 기도하면 정말 하나님이 들으시고 (   )하실까요?

만약 당신이 진정 그리스도를 영접하여 거듭난 하나님의 자녀라면 무엇이든지 원하는 대로 구하십시오. 하나님은 거짓말하지 않으십니다.

"너희가 내 안에 거하고 내 말이 너희 안에 거하면 무엇이든지 원하는 대로 구하라 그리하면 이루리라"(요 15:7).

3. 어떻게 하면 좀더 기도를 잘하게 될까요?

기도를 잘하게 되는 특별한 비결은 없습니다. 그러나 습관이 생기도록 하는 것은 필요합니다. 기도를 잘하고 싶다면 다음의 몇 가지를 늘 생각해 보십시오.
① 나는 정말 예수님을 (   )하여 거듭난 하나님의 자녀인가?(요 1:12)

---

* 응답, 영접

② 하나님은 언제 기도해도 나의 기도 소리를 들으시는가?(마 6:8)
③ 나는 정말 하나님과 예수님을 사랑하며 그와 더불어 얘기하는가? (요 15:4)
④ 나는 기도의 능력을 믿는가?(마 6:33)
⑤ 나는 기도한 후 응답받은 경험이 있는가?

※ 기도의 손을 기억하십시오.
   ① 먼저 찬양으로 기도의 문을 여세요.
   ② 감사로 기도를 시작합니다.
   ③ 혹시 기억나는 죄가 있으면 자백하세요.
   ④ 기도중에 이웃과 친지를 위해 기도 먼저 하세요.
   ⑤ 나의 필요한 것을 하나님께 간구합니다.

▶ 잠깐만! 이것만은 알아두세요!

부활절 달걀의 유래

기독교인들은 부활절이 되면 예쁜 색깔로 물들인 달걀을 주고받는 풍습이 있다. 이 풍습의 유래는 유럽에서 십자군 전쟁이 일어났을 당시로 거슬러 올라간다.

로자린드 부인은 남편이 십자군 전쟁에 나간 뒤 나쁜 사람들에게 집을 빼앗겨 먼 산골 마을로 피해 가서 살았다. 마을 사람들은 그 딱한 로자린드 부인에게 친절하게 대해 주었다. 부인은 그 친절에 보답하는 뜻으로 부활절에 마을 아이들을 모아 맛있는 음식을 대접해 주고, 예수님의 부활에 대한 상징으로 예쁘게 색칠한 달걀을 하나씩 나눠 주었다. 그 달걀에는 부인이 직접 쓴 "하나님의 사랑을 믿자"라는 말이 적혀 있었는데, 그것은 바로 로자린드 집안의 가훈이었다.

어느 해 부활절 날, 부인은 길에서 병든 어머니를 찾아간다는 어린 소년을 만났다. 부인은 그 소년을 위로하고 가지고 있던 색달걀 하나를 주었다. 부인과 헤어진 그 소년은 어머니를 찾아가는 중에 한 산골에서 병든 군인을 만나게 되었다. 소년은 군인을 보살펴 주고 로자린드 부인에게서 받았던 달걀을 주었다. 그것을 받아든 군인은 그 달걀에 적힌 글을 보고 너무나 놀랐다. 바로 자기 집안의 가훈이었기 때문이다. 군인은 그 소년에게 물어서 결국 아내를 다시 만날 수 있게 되었다.

부인은 그 후에도 해마다 부활절이면 자신의 남편을 찾아 준 색달걀을 이웃들에게 나눠 주었고, 이것이 유래가 되어 오늘날에도 부활절이 되면 부활의 메시지가 담긴 색달걀을 나누며 예수님의 부활을 축하하는 것이다.

≪부활≫은 톨스토이의 중요한 작품 중 하나이다. 예수의 부활은 많은 이들에게 영감을 주고 예술작품의 소재가 되고 있다.

12. 신앙과 믿음이 좀더 빨리 자라려면

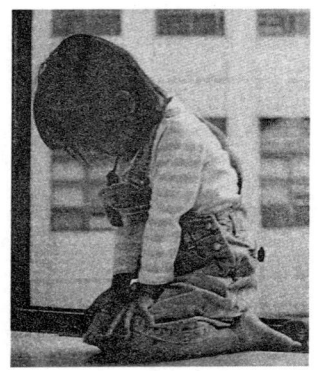

 살아 있는 모든 것은 성장합니다. 몸은 살았으나 영혼이 죽었던 당신도 하나님의 은혜로 영혼이 다시 태어났습니다(엡 2:1~22). 그러나 당신의 영혼이 다시 태어났다고 해서 모든 것이 끝난 것이 아닙니다. 그것은 또 다른 시작을 의미합니다. 마치 씨앗이 발아하여 떡잎이 되듯, 그리고 잎이 나고 줄기가 자라듯 성장해 가야 합니다. 식물이 자라는 데 필요한 요소가 있듯이 당신의 영혼이 자라기 위해서는 다음의 여섯 가지가 필수적으로 있어야 합니다.

1. 초대교회의 새신자들은 어떻게 믿음이 (   )할 수 있었을까요?
 그들은 회개하고 세례를 받아 교인이 된 후 전에 없던 행동들을

---
* 성장

하기 시작했습니다. 그들은 영적으로 거듭났기 때문에 영적인 성장을 위하여 노력하기 시작했습니다.

"저희가 (   )의 가르침을 받아 서로 교제하며 떡을 떼며 기도하기를 전혀 힘쓰니라"(행 2:42).

2. 그들이 힘썼던 일 여섯 가지를 찾는다면 어떤 것일까요?
   ① 말씀의 가르침을 받는 일
   ② 성령 안에서 교제하는 일
   ③ 기도하는 일
   ④ 예수 그리스도 안에서 떡을 떼는 일
   ⑤ 사랑을 실천하며 순종하는 일
   ⑥ 전도를 사명으로 아는 일

"사람마다 두려워하는데 사도들로 인하여 기사와 표적이 많이 나타나니 믿는 사람이 다 함께 있어 모든 물건을 서로 통용하고 또 재산과 소유를 팔아 각 사람의 필요를 따라 나눠 주고 날마다 마음을 같이하여 (   )에 모이기를 힘쓰고 집에서 떡을 떼며 기쁨과 순전한 마음으로 음식을 먹고 하나님을 찬미하며 온 백성에게 칭송을 받으니 주께서 구원받는 사람을 날마다 더하게 하시니라"(행 2:43~47).

* 사도, 성전

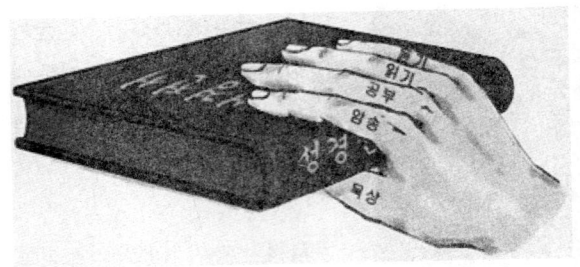

〈말씀의 손 예화〉
말씀의 손 예화는 우리의 영적 양식인 성경 말씀을 섭취하는 다섯 가지 방법을 보여 줍니다.

※ 암송하고 묵상하기
　공부하고 묵상하기
　읽고 묵상하기
　듣고 묵상하기

하나님의 말씀은 어떤 경우에도 묵상(엄지)이 필요합니다. 그것이 말씀의 손입니다.

13. 신앙을 점검하는 방법이 있을까요?

편식하는 어린이들은 아무리 잘 먹어도 영양실조에 걸립니다. 건강이란 골고루 균형 있게 성장하는 것을 말합니다. 신앙, 즉 영적인 생명도 불균형하게 자랄 수 있습니다. 그러므로 늘 건강진단을 해 보아야 합니다.

당신의 신앙을 점검해 볼 수 있는 좋은 도표가 있습니다. 사도행전 2장 42~47절에 나와 있는 여섯 가지 성장요소를 이용하여 수레바퀴를 그려 보았습니다.

1. 수레바퀴에서 제일 중요한 근원은 무엇일까요?

바퀴의 목적은 굴러서 목적지까지 가는 것입니다. 바퀴는 축이 없이는 굴러갈 수 없습니다. 축의 굵기에 따라 바퀴의 굵기도 달라집니다. 축은 그리스도 안의 새 생명입니다.

 "그런즉 누구든지 (   ) 안에 있으면 새로운 피조물이라 이전 것은 지나갔으니 보라 새것이 되었도다" (고후 5:17).

2. 바퀴는 크면 클수록 험한 길도 잘 갈 수 있습니다.

3. 한쪽을 지나치게 강조하거나 소홀히 해도 (   )는 굴러가지 못합니다.

수레바퀴 예화는 그리스도 중심의 삶을 설명해 줍니다.

---

* 그리스도, 바퀴

◎ 중심 되신 그리스도 — 고후 5:17; 갈 2:20

바퀴를 돌리는 힘이 축에서 나오는 것처럼, 그리스도인의 삶을 살게 하는 능력도 중심 되신 예수 그리스도로부터 나옵니다. 그리스도는 당신 안에 성령으로 거하시며, 성령의 목적은 그리스도를 영화롭게 하는 것입니다.

◎ 그리스도께 순종 — 롬 12:1; 요 14:21

수레바퀴의 테는 전심으로 매일매일 그리스도께 순종함으로써 그분의 주님 되심에 응답하는 그리스도인을 나타냅니다.

◎ 말씀 — 딤후 3:16; 수 1:8

수레바퀴의 살은 그리스도의 능력이 당신의 삶에 적용하는 방법을 보여 줍니다. 당신은 수직의 살인 말씀과 기도를 통하여 하나님과 개인적인 교제를 유지합니다. 말씀은 영적인 전쟁을 위한 당신의 검일 뿐만 아니라, 영적 양식입니다. 이것은 효과적인 그리스도인의 생활을 위한 근본적인 살입니다.

◎ 기도 — 요 15:7; 빌 4:6~7

말씀의 살 반대편은 기도의 살입니다. 당신은 기도를 통해 하늘에 계신 아버지와 직접적으로 교통하며, 당신의 필요에 대한 공급을 받게 됩니다. 그분에 대한 신뢰와 확신을 가지고 기도하십시오.

◎ 교제 ― 마 18:20; 히 10:24~25

수평의 삶은 당신과 다른 사람들과의 관계를 나타냅니다. 믿는 사람들과는 그리스도인의 교제를 통해서, 믿지 않는 사람들과는 전도를 통해서 관계를 맺습니다. 예수 그리스도를 중심으로 하여 이루어지는 교제를 통해서 관계를 맺습니다. 예수 그리스도를 중심으로 하여 이루어지는 교제를 통하여 우리는 서로 격려를 받고, 권고해 주며, 필요한 활력소를 얻게 됩니다.

◎ 증거 ― 마 4:19; 롬 1:16

앞에 있는 세 가지 삶은 당신이 주님께 받은 모든 것을 다른 사람들에게 전달해 줄 수 있도록 준비시켜 줍니다. 이 일은 곧 삶을 통한 증거와, 그리스도 안에서의 당신의 경험에 대한 간증과, 구원하시는 하나님의 능력인 복음을 선포하고 설명하는 것을 통하여 성취됩니다.

▶ 잠깐만! 이것만은 알아두세요!

제사제도의 보편성

　언어가 없는 민족은 있어도 종교가 없는 민족은 없고, 종교의 대부분은 제사라는 형식을 갖추고 있다.
　그런데 이 제사가 변질된 두 가지 사례가 있는데, 한 가지는 조상에게 제사드리는 것이고 두 번째는 목을 쳐 사람을 죽이는 참수이다. 대만이나 보르네오, 뉴기니 등지에 사람 목을 자르는 종족이 있는데, 이 자른 목의 두개골을 집안에 모셔 두지 않으면 악마와 병액이 닥친다 하여 소중히 떠받친다. 게르만 민족은 참수로 희생시켜 그 피를 땅에 뿌려야 풍년이 드는 것으로 알았다. 스웨덴에서는 기근이 들면 임금을 참수로 희생하여 그 피로 제단을 물들였다.
　괴테의 ≪파우스트≫에 그레트헨이 참수당하는 장면이 나온다. 단두대에 가까울수록 발 디딜 틈 없이 사람들이 밀어닥쳤다 했는데, 단두대에서 흐르는 피를 얻기 위해서이다. 간질병 등 불치병에 좋다 하여 집행인은 단두대에서 흐르는 피를 컵으로 받거나 수건에 묻혀 팔아 수입을 잡았다.
　우리나라에서 최후의 참형은 커피에 독약을 타 고종 황제를 시해하려 했던 김홍륙이 마지막이다. 그 이전의 대역(大逆) 죄인은 국왕이 남대문 다락에 앉아 참수케 하는 임문정형(臨門正刑)으로 다스렸다. 목과 두 팔, 두 다리를 차례로 다섯 토막을 낸다 하여 참수를 오살(五殺)이라고도 했는데 인조 때 심기원(沈器遠)의 경우는 두 다리, 두 팔, 그리고 마지막으로 목을 자르는 역으로 집행, 참혹도를

중국인들이 하늘에 제사드리던 천단(天壇)

가중시키기도 했다. 이렇게 자른 목은 '역적참항(逆賊斬項)'이라는 죄목과 더불어 전시하는데, 이를 효수(梟首)라 했다. 옛날, 어미를 잡아먹는다는 부엉이[梟]를 보면 잡아 죽이고 나무에 걸어 그 불효를 응징했다 하여 참수 전시를 효수라 했다.

 이러한 참수의 이유는 종교적인 것으로, 동물들을 희생시키는 것이 아니라 직접 사람을 제물로 잡았다는 것이다. 이러한 인간제물 사상은 고대 잉카인에게도 있었다.

14. 성경을 가까이하고 싶어요

성경은 참으로 신기한 책입니다. 아무리 지혜로운 자라도 그 깊이를 다 측량할 수 없고, 아무리 무식하다 해도 깨닫지 못하는 자가 없는 세계 제일의 책이요, 최고의 베스트셀러입니다. 그래서 성경을 가까이하고 자주 대한다는 것은 큰 축복이요 행복입니다.

그런데 막상 성경책을 펴들면 내용이 너무 어려워 망설여집니다. 어떻게 하면 성경을 좀더 가까이 두고 읽게 될까요?

1. 무엇보다도 성경이 어떤 책인지를 알아야 합니다.

성경에는 역사, 과학, 문학, 예술에 대한 이야기들이 많이 있지만 그런 책은 아닙니다. 그것은 오직 예수를 믿는 사람에게 하나님의 구원과 영생이 있음을 증거하는 책입니다.

"내가 하나님의 아들의 이름을 믿는 너희에게 이것을 쓴 것은 너희로 하여금 너희에게 (   )이 있음을 알게 하려 함이라"(요일 5:13).

2. 성경의 주제는 무엇이며, 누구를 염두에 두고 쓰여졌나요?

성경의 대주제는 누가 뭐라 해도 예수님입니다. 그분이 동정녀 마리아를 통해 나셔서 모든 인류의 죄를 대신 짊어지고 그 죄를 속량하러 오실 분이며 그것이 성취되었음을 알려 주는 책입니다.

"너희가 성경에서 (   )을 얻는 줄 생각하고 성경을 상고하거니와 이 성경이 곧 내게 대하여 증거하는 것이로다"(요 5:39).

3. 성경은 초자연적인 기적으로 기록되고 영감된 하나님의 말씀입니다.

성경은 사람의 손으로 기록되었지만 원저자는 성령님입니다. 성령의 감동으로 기록된 것이 성경입니다.

"모든 (   )은 하나님의 감동으로 된 것으로 교훈과 책망과 바르게 함과 의로 교육하기에 유익하니"(딤후 3:16).

교훈 → 의로 교육 → 책망 → 바르게 함

---

* 영생, 성경

▶ 잠깐만! 이것만은 알아두세요!

메시아의 해석 문제?

이스라엘 사람들이 아직도 오지 않은 메시아를 기다리며 기도하는 성전 벽의 흔적. 메시아가 속히 오셔서 억울한 유대인들의 문제를 해결해 달라고 통곡하며 기도한다고 해서 '통곡의 벽'이라고 부른다.

마호메트를 아라비아 원음으로는 무하마드(Muḥammad)라고 한다. 이슬람교도는 보통 라술라(Rasûllah), 즉 '알라의 사도'라고 부른다. 중년(中年) 이전 그의 경력에 관해서는 별로 알려진 것이 없으나, '코끼리의 해'에 출생하였다는 전승(傳承)이 있으며, 570년경 아비시니아군(軍)이 코끼리의 대군(大軍)을 이끌고 남(南)아라비아로 침입해 왔으므로 이 무렵에 출생하였다고 생각된다.

  610년경 마호메트가 40세 되었을 때, 그는 세속적 생활에서 이탈하여 메카 교외의 히라 산(山)에 있는 동굴에서 명상생활에 들어갔다. 그리고 그 해 처음으로 천사 지부릴(가브리엘)을 통하여 알라 신의 계시를 받았다. 그 내용이 바로《코란》제9장(응혈)에 적혀 있다. 그후에도 여러 차례 알라의 계시를 받게 되어, 드디어 그는 새로운 교(敎)를 창시할 것을 결심하였다. 615년에는 신도 일부가 아비시니아로 피신하자, 그곳 그리스도교도에게 환영받았으나 마호메트 자신은 전부터 타협해 두었던 야스리브(후의 메디나)로 이주할 준비를 하고 있었으므로, 622년 9월 24일 아부 바크르 등 70여 명과 함께 메카를 탈출, 야스리브로 갔다. 이를 히즈라(헤지라 : 聖遷이란 뜻)라고 하는데, 훗날 이 해를 이슬람력(曆)의 기원으로 삼게 되었다(622년 7월 16일). 마호메트가 말한 계시와 설교는 《코란》 제114장 6,211구 속에 담겨져 있다. 마호메트교는 그리스도의 죽음과 부활을 알고 있다. 하지만 예수 그리스도는 선지자 중의 한 명일 뿐이라고 생각한다. 그러므로 마지막 계시를 받은 마호메트에 의해 예수 그리스도는 판단된다.

일명 '말일성도 예수그리스도교'라고 하는 몰몬교는 1930년 4월 6일 뉴욕 팔미라 근방에서 요셉 스미스 2세와 그의 몇몇 추종자들에 의하여 만들어진 신흥종교로서, 미국의 대표적인 사이비 기독교 집단으로, 전 세계 4대 기독교 이단에 속하는 교회이다.

이 둘 마호메트교와 몰몬교의 공통점은 바울 사도에게 나타나시고 사도 요한에게서 끝난 하나님의 계시가 자기들에게 마지막으로 나타났다고 한다. 그러므로 마호메트교(이슬람)나 몰몬교는 모두 기독교 이단에 속한다. 모든 이단들이 그렇듯이 한 이단의 주장은 다른 이단의 주장과 모순된다는 것이다.

마호메트의 주장대로 하자면 몰몬교는 사탄의 계시를 받은 집단이고 몰몬교의 입장에서 보면 이슬람교는 거짓 계시를 받은 집단이다.

14. 성경을 가까이하고 싶어요 • 51

15. 전도는 왜 해야 하나요?

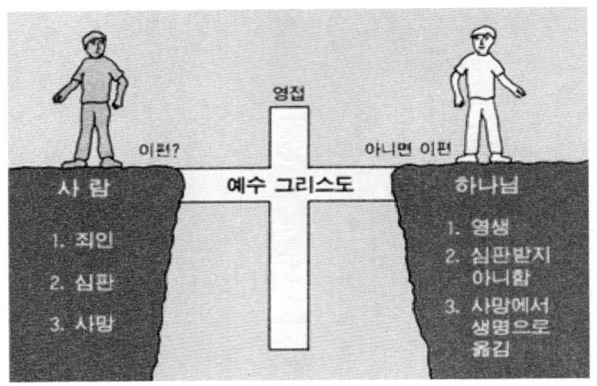

　어떤 한 화가가 전도에 대한 그림을 그리려 하고 있습니다. 그는 큰 캔버스에 선을 긋고 바다를 그렸습니다. 짙은 안개와 집채만한 파도 사이에 침몰해 가는 배를 그리고 그 옆에는 물에 빠져 허우적거리는 사람들을 그렸습니다. 그리고 다시 한쪽 편에는 바위를 그렸고, 그 바위를 간신히 붙든 한 사람을 그렸습니다. 큰 물결이 흉흉한 험한 세상에서 반석 되신 그리스도를 붙잡고 구원을 받은 그 그림은 누가 보아도 훌륭하다고 할 수 있는 것이었습니다.
　그러나 그림을 찬찬히 살피던 화가는 그 그림을 지우기 시작했습니다. 그러더니 아까와 똑같은 풍경 속에 빠져 가는 사람들을 그린 다음 아까와는 다르게 한 손으로는 그 솟아난 암초를 붙들고 다른 한 손으로는 익사 직전에 있는 다른 사람을 향하여 손을 내미는 한 사람을 그렸습니다.

그렇습니다. 내가 반석을 붙잡아 구원을 얻었다면, 우리는 한 손으로는 그리스도를 붙잡고 다른 한 손으로는 죽어가는 다른 영혼을 향하여 손을 내미는, 즉 전도를 해야만 하는 것입니다. 그것이 구원받은 자의 참모습입니다.

1. 전도는 누가 하는 것인가요?

    전도는 먼저 구원함을 입는 우리들이 하는 것입니다.

    "말씀하시되 나를 따라오너라 내가 너희로 사람을 낚는 (   )가 되게 하리라"(마 4:19).

2. 전도에 있어 보이지 아니하는 전도자는 누구인가요?

    사실상 전도는 인간의 힘으로 한다기보다 성령님의 도움과 인도로 되는 것입니다. 그 어떤 일보다도 전도는 성령을 충만히 받아야 합니다.

    "오직 성령이 너희에게 임하시면 너희가 권능을 받고 예루살렘과 온 유대와 사마리아와 땅 끝까지 이르러 내 (   )이 되리라 하시니라"(행 1:8).

3. 가장 효과적인 전도 방법은 무엇인가요?

    사람들에게 참 아름다운 신자의 삶을 보여 주며, 그리스도의 삶과 죽음을 체험한 대로 증거하는 것, 즉 아는 그대로, 믿는 그대로를 외치는 것입니다.

---

* 어부, 증인

"사람마다 두려워하는데……주께서 (   )받는 사람을 날마다 더하게 하시니라"(행 2:43~47).

(자료 제공 : 네비게이토 선교회)

―――――――――――――――――――――――
* 구원

▶ 잠깐만! 이것만은 알아두세요!

영적 세계에 대한 이해

  우주의 가장 기초적인 물질세계는 원자와 분자다. 그 다음이 무생물세계, 식물세계, 동물세계로 올라간다. 그 위로 영·혼·육을 가진 인간세계가 있고, 그 다음이 하나님의 세계, 즉 영적 세계이다. 이 영적 세계에는 하나님이 주인이시지만, 마귀의 세계도 같이 존재한다. 그런데 인간은 신앙을 가지지 않으면 하나님의 세계(기적의 세계)를 이해할 수 없다. 그것은 동물의 세계인 강아지가 대화를 하고, 책을 보며, 자동차를 운전하는 인간세계를 도저히 이해하지 못하는 이치와 같다.

  따라서 인간이 자신의 영적 수준을 어디에 두느냐에 따라서 기사와 이적을 이해하느냐, 이해하지 못하느냐가 결정된다. 하나님을 믿으면 모든 것을 믿게 된다. 만약 성경 속의 기적들이 과학적으로 인간적인 지식으로 증명되고 이해된다면, 기독교 신앙은 믿을 가치가 없다. 성경은 과학 교과서가 아니다. 영적인 계시로 쓰여진 것이기에 유한한 인간이 무한한 하나님을 평가할 수 없다. 따라서 하나님은 과학의 대상이 아니며, 오직 영적인 이해와 성령의 체험으로만 이해할 수 있다.

― 김영길

박사는 생각했다.
'맞아! 우주의 기원은 수십억 년 전에 고밀도의 덩어리(원초원자)가 폭발했고 다시 수소가 핵융합을 일으켜 태양계별, 지구가 생성되었다는 게 정설이다. 그렇다면 그 원초자(최초의 일이 있게 한 지식을 가

진 존재)는 어떻게 생겼단 말인가? 과학의 기본 이치가 인과율(원인이 있으면 결과가 있다)인데 과학은 그 기원에 대해 아무런 설명을 못하고 있지 않는가?

그는 말했다.

"이때 내게 파도처럼 다가온 성경말씀이 창세기 1장 1절 '태초에 하나님이 천지를 창조하시니라'였다. 이 말 앞에는 그 어떤 의문도 제기할 필요성이 없었다. 나의 가슴이 조금씩 열리고 있었다."

이 과학자는 지금 한동대 총장으로 계시는 김영길 박사님이다.

그분의 주장대로 세상엔 엄연히 차원이 존재한다. 식물의 차원에선 동물의 차원을 이해할 수 없다. 또 동물의 차원에선 인간의 차원을 영원히 이해하지 못할 것이다. 마찬가지로 인간은 결코 하나님의 차원인 영적인 세계를 이해하지 못한다고 보아야 한다. 하지만 동물들이 인간의 지식의 차원에 대해서는 이해하지 못하지만 서로 관계성을 맺고 살아가듯이 인간이 하나님의 세계를 모른다고 해서 관계가 없는 것은 아니다.

이러한 문제 때문에 성경이 말하고 있듯이 인간 차원에서 영적인 세계를 알 수 없으므로 영적인 차원에 있는 하나님이 인간에게 그 증거들을 보여 준다는 개념이 나오는 것이다. 이것을 계시(啓示)라고 한다. 그러므로 성경을 이해하려면 계시라는 개념을 이해해야 한다.

16. 우리 교회는 어떻게 전도하나요?

우리 교회는 더 많은 사람들에게 구원의 소식을 듣게 해줄 사명을 가지고 설립된 교회입니다. 그러므로 효과적인 전도를 위한 계획을 가지고 있습니다.

이 세상에는 하나님을 대적하는 사단이 있어서 사람들로 하여금 예수를 믿지 못하도록 방해를 하고 있습니다. 우리는 더 깊숙이 사람들이 있는 곳을 찾아가서 그들에게 복음을 전해야 합니다. 옛날에는 먹을 것, 입을 것 때문에 사람들이 교회에 잘 못 나왔지만 요사이는 바쁘다는 핑계로 교회에 잘 나오지 않으려고 합니다. 그러므로 우리는 예수를 믿어야 할 사람들이 있는 가정과 직장과 학교로 찾아가서 전해야 합니다.

1. 전도 방법에는 여러 가지가 있습니다.
    다음은 성경에 나타나는 전도의 방법들입니다.
    ① 개인전도 ② 그룹전도 ③ 간증전도 ④ 전도군중집회

2. 전도의 형태에 따라서 크게 3가지로 요약이 됩니다.
    ① 선포전도 ② 현존전도 ③ 설득전도

3. 예수님에게는 세계 복음화를 바라보는 전도 방법이 있었습니다.

그것은 사람들을 선택하여 소그룹을 만들어 그들에게 집중적으로 말씀을 가르치고 훈련시키는 것이었습니다.

"말씀하시되 나를 따라오너라 내가 너희로 (　　　)을 낚는 어부가 되게 하리라 하시니"(마 4:19).

4. 예수님은 승천하시면서 온 족속에게 가서 제자를 삼으라고 하셨습니다.

그것은 단순히 선포하는 것이 아니라 가르쳐 지키게 하는 것이 포함되어 있습니다.

"그러므로 너희는 가서 모든 족속으로 (　　　)를 삼아 아버지와 아들과 성령의 이름으로 세례를 주고 내가 너희에게 분부한 모든 것을 가르쳐 지키게 하라"(마 28:19~20).

5. 초대교회 성도들은 모두 집집마다, 직장마다 소그룹으로 모였습니다.

이에 따라 우리 교회는 자기 집을 전도하는 터전으로 삼아 집을 개방하여 사랑방을 만들고 불신 이웃들을 초청하여 복음을 전합니다. 직장에서도 그렇게 합니다.

"날마다 마음을 같이하여 (　　　)에 모이기를 힘쓰고 집에서 떡을 떼며 기쁨과 순전한 마음으로 음식을 먹고"(행 2:46).

＊사람, 제자, 성전

▶ 잠깐만! 이것만은 알아두세요!

계시와 역사의 패턴

양피지에 씌어진 고대 성경의 사본. 신께 받은 계시는 이렇게 문자로 기록되어 전해졌다. 이것이 신화나 전설과 다른 점이다.

예언 → 예언이 이루어질 징조 → 예언의 이루어짐 → 증거의 기록 → 예언 → 예언이 이루어질 징조 → 예언의 이루어짐 → 증거의 기록……

이와 같은 순서로 연이어 나타난다. 물론 성경을 기록한 사람들은 하나님의 예언을 받아 적고 또 그것이 역사 속에서 어떻게 이루어져 가는지를 기록하였다. 성경은 구약과 신약으로 나누는데 이때 약(約)은 약속이란 뜻의 약(約)이다. 구약은 옛 약속(Old Testament), 신약은 새 약속(New Testament)이란 뜻이다.

그렇다면 도대체 무슨 약속이라는 것인가? 인생의 생로병사, 희로애락의 문제가 죄(罪)와 깊은 관계가 있는데, 하나님은 인간을 그 죄 문제에서 구원해 주시겠다는 약속이다. 구약에서는 희생제사를 통하여 죄의 문제를 해결해 주시고, 신약에 이르면 예수님의 십자가 죽음으로 인간의 죄를 용서해 주시겠다는 것이다. 물론 나중에 밝혀지지만 구약의 희생제사도 결국엔 갈보리 십자가에서 예수님이 치르게 될 거대한 희생제사의 그림자였다는 것이다.

17. 교회는 어떻게 운영되나요?

교회는 성경 말씀대로 운영됩니다. 교회는 예수 그리스도께서 계획하신 영적 기관입니다. 교회의 역사는 옛날 애굽에서 탈출하였던 이스라엘 백성들이 광야에서 함께 이동했던 그 역사처럼 오늘 천국을 향하여 나아가는 하나님의 백성들의 이야기입니다. 교회에는 큰 영적인 축복이 있는 반면 의무도 있습니다.

1. 교회의 종류에는 2가지가 있습니다.
① 유형교회 — 눈에 보이는 지역교회로서 조직과 행정이 있는 지역모임, 현재적 교회
② 무형교회 — 눈에 보이지 않는 영적으로 단 하나인 전 세계적 통일성의 교회. 과거, 현재, 미래를 포함한다.

"또 내가 네게 이르노니 너는 베드로라 내가 이 반석 위에 내 교회를 세우리니 (   )가 이기지 못하리라 내가 천국 열쇠를 네게 주리니 네가 땅에서 무엇이든지 매면 하늘에서도 매일 것이요 네가 땅에서 무엇이든지 풀면 하늘에서도 풀리리라 하시고" (마 16:18~19).

---

* 음부의 권세

2. 진정한 교회에는 다음의 3가지 표지가 있습니다. 즉 지역사회(유형교회)는 이 3가지가 꼭 있어야 합니다.
   ① 말씀의 진정한 전파
   ② 성전과 세례의 정당한 거행
   ③ 권고, 징계의 신실한 시행

   "이는 하나님의 사람으로 (   )케 하며 모든 선한 일을 행하기에 온전케 하려 함이니라"(딤후 3:17).

3. 교회의 운영은 어떻게 이루어지나요?
   무인도에 홀로 사는 사람이라면 조직도 운영도 필요없을 것입니다. 그러나 다른 사람들과 더불어 살고 일하려면 반드시 조직과 운영이 필요합니다. 교회도 마찬가지입니다. 교회의 운영형태는 다양합니다.
   ① 교황정치 ― 교황이 전제군주가 되어 전 세계 교회를 관리운영하는 형태
   ② 감독정치 ― 감독을 선출하여 그에게 관리와 운영을 맡기는 감리교회식 정치
   ③ 조합정치 ― 자유정치와 방불하나 각 지교회의 대표로서 연합회가 운영하는 정치(침례교)
   ④ 자유정치 ― 각 지교회가 자율적으로 운영하는 형태(독립교회)
   ⑤ 장로회정치 ― 주권이 각 개교인들에게 있는 자유정치로서 장로교회의 운영형태

4. 대개 장로교회는 모든 교회의 운영권이 개교인들을 중심으로 한 공동의회를 통하여 결정집행되는 것이 특징입니다.

---

* 온전

18. 우리 교회의 운영방법은 무엇인가요?

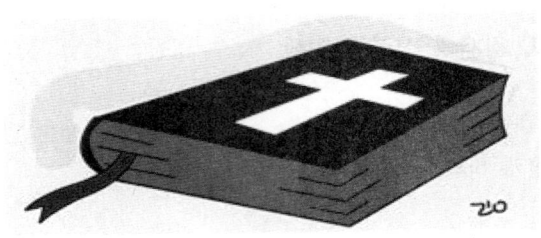

교회는 결코 어떤 개인의 독주나 야망에 의해 독점 운영될 수 없습니다. 국가도 그러하듯 교회는 하나님의 말씀이 최종 권위를 가지고 결정권을 쥐고 있으며, 교회 회원은 모두 성경의 권위와 말씀에 순종해야 할 의무가 있습니다. 또 헌법이 있어서 그 헌법의 기준에 따라 교회가 운영됩니다.

1. 교회의 기초와 역사는 어떻게 되나요?
  장로회 헌법은 만국장로교회와 함께 웨스트민스터 헌법을 기본으로 하고 있습니다. 웨스트민스터 헌법은 1643년 7월 1일부터 1649년 12월 22일까지 6년 5개월 22일 만에 영국 런던, 웨스트민스터 사원에서 회집된 회의에서(목사 120명, 의원 30명, 귀족 20명) 제정된 것입니다.

2. 장로교회의 경우는 헌법에 6가지의 내용이 적혀 있습니다.
  ① 신조 - 믿는 도리를 일목요연하게 정리

② 성경소요리문답 — 기독교의 핵심 교리에 대한 문답집
③ 교회정치 — 교회 운영에 대한 원칙
④ 헌법적 규칙 — 교회의 운영에 대한 대원칙
⑤ 권징조례 — 교회에서의 잘잘못에 대한 상의 수여와 징계 방법
⑥ 예배모범 — 공적인 예배의 절차와 순서에 대한 모범

감리교회(監理敎會 — Methodist Church)

역사적 기원

≪존 웨슬리의 생애≫, 박춘희, 감리교 자료, 기독교대한감리회 홈페이지, 2005. 11. 14. pp. 3-4.

1. 기원

18세기 웨슬리 형제 주도의 영국 국교회 개혁운동에서 시작된 감리교는 옥스퍼드 대학의 '신성구락부' 소모임 조직에서 기원한다. 평신도 운동으로 시작된 감리교는 점차 독자적인 교회로 확립해 나갔으며 1744년 최초로 조직된 연회를 설립하면서 영국교회로부터 분리되었다. 산업혁명 여파로 성장한 감리교는 미국으로 건너가 19세기에 급성장하면서 미국 내에서 침례교와 더불어 양대 교파로 확장된다.

2. 유래

미국 감리교회의 한국선교는 두 흐름으로 나뉘어 이루어졌다. 미국 북감리교회가 한미수호통상조약(1882년)을 계기로 한국에 진출하면서 선교의 교두보를 마련했다면, 1885년 4월 미국 북감리회의 선교사 아펜젤러 부부가 제물포에 상륙하여 인천 내리감리교회를 설립하면서 본격적으로 시작되었다. 북감리회는 1897년 서울 구역회를 설치함으로써 교회 조직을 시작했다. 1901년 인천을 중심으로 한 서지방회, 평양을 중심으로 한 북지방회, 서울을 중심으로 한 남지방회로 분류되었고, 1908년 정동감리교회에서 '한국연회'를 창설했다. 한편 미국 남감리회는 1895년에서야 한국 선교사업이 본격화되었다. 개성·강원북부·원산을 거점으로 활동한 남감리회는 1897년 지방회를 조직하고 1918년에 '한국연회'가 성립된다. 미국의 남·북감리교회가 별도의 연회 조직을 갖고 각기 치리하다가 1930년에 '기독교조선감리회'로 통합되었다.

성결교회(聖潔敎會 — Holiness Church)

역사적 기원
19세기 성결운동(Holiness Movement)
≪성결교회 신학의 역사와 특징≫, 이신건 엮음, 성결신학연구소, 2000. pp. 215-217.
19세기 말 미국에서 일어난 성결운동은 웨슬리의 성결의 복음을 다시 한번 일으키고자 하는 강한 움직임이었다. 그래서 1867년의 전국성결연합회는 수많은 성결 교파들의 모체가 되었다. 이때 미국에는 신유(神癒)운동과 전(前)천년설적인 재림 사상이 매우 강하게 퍼져 있었다. 성결운동 가운데는 중생과 성결의 전통적인 웨슬리안(Wesleyan)의 복음만을 주장하는 단체와 이것과 더불어 신유와 재림의 복음을 받아들이자는 그룹이 있었다.
전자(前者)가 웨슬리안 성결운동의 주류(主流)라면, 후자(後者)는 급진파 성결그룹 이라고 불린다. 전자가 에즈베리와 나사렛 교회라면, 후자는 하나님의 성서학원과 만국성결교회이다. 만국성결연맹은 1920년대에 여러 성결 그룹들과 연합하여 필그림 성결교회가 되었고, 1960년대 말에는 웨슬리안 감리교회와 합하여 웨슬리안 교회가 되었다. 한국성결교회에 가장 직접적인 영향을 미친 단체가 바로 이 단체 이다.

순복음교회 하나님의 성회(Assemblies of God)

역사적 기원
현대 오순절 운동의 시작
20세기의 성결운동과 오순절운동은 보수적 성경 해석 방식, 전천년설, 엄격한 도덕성, 그리고 믿음을 통한 치유라는 점에서는 유사하였지만, 성령 강림의 교리와 방언의 교리는 오순절파에만 있는 특징이어서 두 운동은 곧 분리되었다. 수에 있어서는 오순절파가 성결파 교회를 능가하였다.(≪기독교회사≫, 윌리스턴 워커 著, 송인설 譯, 크리스챤다이제스트, 2003. p. 731.)
이 새로운 운동의 효시는 찰스 파함(Chales F. Parham)에게서 찾는다. 1900년 그는 캔자스 주 토페카에 벧엘 성서신학교를 세웠는데, 학생들과 함께 사도행전을 공부하면서 성령세례의 증거가 '방언'이라는 결론을 얻게 되었다. 그리하여 파함과 학생들은 3일 동안 밤낮 열심히 기도하던 중 1901년 1월 1일 새벽 오즈만(Agnes Ozman) 양이 먼저 방언을 하기 시작하였고, 이어서 파함을 포함한 모든 신학생들이 방언을 시작하였다. 이후 학생들은 세 개의 교회를 세우며 복음을 전파하였는데, 이것이 하나님의 성회의 효시(嚆矢)가 되었다. 이후에 파함은 1905년에 휴스턴으로 옮겨가서 '저녁빛 성도' 성결교파의 흑인 전도자였던 세이무어(William J. Semour)에게 영향을 끼쳤다. 1906년 세이무어는 LA의 아주사(Azusa) 거리의 전설적 부흥운동에 불을 붙였다.

> **침례교회(浸禮敎會 — Baptist Church)**
>
> 역사적 기원
> ≪기독교회사≫, 윌리스턴 워커 著, 송인설 譯, 크리스챤다이제스트, 2003. pp. 611-613.
> 영국의 분리(分離)주의 운동
> 침례교는 청교도의 한 종파로서, 창시자는 스미스(J. Smyth, 1570?~1612)로 알려져 있다. 그는 1608년 국교회의 압박을 피하여 게인스버러(Gainsborough) 회중교회 회원들과 함께 네덜란드의 암스테르담으로 망명했는데, 1609년 자신과 다른 지체들에게 물을 쏟아서 세례를 시행함으로 최초 침례교회의 시작이 언제부터냐에 대한 질문은 침례교회 교회사가들 사이에서도 논란이 되는 문제다. 신약성서 시대로 거슬러 올라가 침례 요한이 요단 강에서 회개의 침례를 베풀던 시기를 신약교회인 침례교회의 출발로 보는 견해가 있는가 하면, 중세 가톨릭 교회의 내부 개혁 세력인 루터나 칼빈의 개혁교회운동에 비견해 외부 개혁세력의 중심이었던 재침례교파에서 시작됐다는 설도 있다. 그러나 역사적인 근거에 의하면, 기독교회사에 침례교회란 이름이 정식으로 등장하게 된 것은 1644년쯤 영국침례교회의 발현에서부터다. 물론 유럽 대륙 내에서 활동하던 재침례파 중 일원인 네덜란드의 재침례파 성도들이 영국으로 건너와 영향을 준 것은 사실이다. 침례교도의 영적인 선조는 신약성서 시대의 초기 그리스도인들이다. 교회사에서는 감추어져 있는 신약성서적 표준과 모범을 이어온 일단의 무리와 종교개혁 시대 상당한 개혁 세력을 구축하며 역사 속에 등장했던 재침례파에서 그 영적 계승을 볼 수 있지만 침례교도란 공식 이름의 발단은 이때부터라고 보는 견해가 정설이다.

3. 개신교회 운영(정치)의 8대 원리가 있습니다. 우리 교회는 이 원리에 충실하려고 합니다.

제1장 원리

제1조 양심의 자유
① 양심의 주재는 하나님뿐이시라
② 그가 양심의 자유를 주사
③ 신앙과 예배에 대하여 성경에 위반되거나 과분한 교훈과 명령을 받지 않게 하셨나니
④ 그러므로 일반인류는(종교에 관계되는 모든 사건에 대해) 양심의 자유를 가진다.

제2조 교회의 자유
[1. 전조에 설명한 바대로 어느 교파 어느 교회든지]
① 각기 교인의 입회규칙과
② 입교인 및 직원의 자격과
③ 교회정치의 일체 조직을 예수 그리스도의 정하신 대로 설정할 자율권이 있다.
[2. 교회는 국가의 세력을 의지하지 않고 오직 국가에서 각 종교의 종교적 기관을 안전보장하며 동일시함을 바라는 것뿐.]

제3조 교회 직원과 그 책임
① 교회의 머리 되신 주 예수 그리스도께서
② 그 지체 된 교회의 덕을 세우기 위하여 직원을 설치하사
  a. 다만 복음을 전파하며
  b. 성례를 시행하게 하실 뿐 아니라
  c. 신도로 진리와 본분을 준수하도록 관리
③ 이러므로 교우 중에 거짓 도리를 신앙하는 자와
④ 행위가 악한 자 있으면 교회를 대표한 직원과 치리회가 당연히 책망, 출교할 것
⑤ 그러나 항상 성경에 교훈한 법대로 행한다.

제4조 진리와 행위의 관계
① 진리는 선생의 기초라
② 진리가 진리 되는 증거는
  a. 사람으로 성결하게 하는 경향이 있으며
  b. 주 말씀하시되 과실로 그 나무를 안다 하심과 같으니
③ 진리와 허위가 동일하며
④ 사람의 신앙이 어떠하든지 관계없다 하는 이 말보다 더 패려하고 더 해로운 것이 없다.
⑤ 신앙과 행위는 연락하고
⑥ 진리와 본분은 서로 결탁되어 나누지 못할 것이니

⑦ 그렇지 아니하면 진리를 연구하거나 선택할 필요가 없다.

제5조 직원의 자격
① 제4조의 원리에 의지하여
② 교회가 당연히 직원을 선정하되
③ 교회의 도리를 완전히 신복하는 자로 선택하도록
④ 규칙을 제정할 것이다.
⑤ 그러나 성격과 주의가 다 같이 선한 자라도
⑥ 진리와 교규에 대한 의견이 불합할 수 있다.
⑦ 이런 경우에는 일반교우와 교회가 서로 용납하여야 한다.

제6조 직원 선거권
교회 직원의 성격과 자격과 권한과 선거와 위임하는 규례는 성경에 기록되었으니 어느 회(교회)에서든지 그 직원을 선정하는 권한은 그 (교)회에 있다.

제7조 치리권
① 치리권은 치리회로나 그 택해 세운 대표자로 행사함을 묻지 않고
② 하나님의 명령대로 준봉 전달하는 것뿐이다.
③ 대개 성경은 신앙과 행위에 대한 유일한 법칙인즉
④ 어느 교파의 치리회든지
⑤ 회원의 양심을 속박할 규칙을 자의로 제정할 권리가 없고
⑥ 오직 하나님의 계시하신 뜻에 기인한다.

제8조 권징
① 교회가 이상 각조의 원리로 힘써 지키면
② 교회의 영광과 복을 증진할 것이니
③ 교회의 권징은 도덕상과 신령상의 것이요, 국법상의 시벌이 아니니

④ 그 효력은
  a. 정치의 공정과
  b. 모든 사람의 공인과
  c. 만국교회의 머리 되신 구주의 권고와 은총에 있다.

[3. 우리 교회는 하나님의 말씀인 성경과 구주 예수 그리스도의 가르침에 기초하여 헌법을 중심으로 교회를 운영해 나갈 것입니다.]

19. 교회에는 어떤 조직이 있나요?

교회는 복음 전파와 교육을 위하여, 그리고 교회의 가장 효율적인 운영을 위하여 필요한 조직들을 가질 수 있습니다. 그것은 절대적인 것이라기보다 교회가 효과적인 사역을 감당하기 위하여 필요에 따라 개설 또는 변경할 수 있는 가변적인 것입니다.

1. 교회의 조직이 필요한 이유는 무엇인가요? 그것은 복음 전파를 보다 효과적으로 하기 위해서입니다.
   ① 교회의 운영을 위하여(재정관리 및 운영)
   ② 교육을 위하여
   ③ 선한 사업을 위하여
   ④ 교회의 발전을 위하여

2. 교회의 여러 조직에는 몇 가지의 역할에 따른 종류가 있습니다.
   ① 복음 전파를 위하여
      ㄱ. 전도회   ㄴ. 선교회
      ㄷ. 청년회   ㄹ. 성경공부 모임
   ② 교육을 위하여
      ㄱ. 주일학교(유년·초등·중등·고등·대학부)
      ㄴ. 새신자부   ㄷ. 학습·세례공부반

③ 운영과 재정관리
ㄱ. 제직회   ㄴ. 공동의회
④ 의제 선정과 치리와 권징을 위하여
ㄱ. 당회   ㄴ. 교회발전위원회

3. 교회의 조직 형태는 어떤 것들이 있나요?
① 당회에 의한 운영 - 장로를 선출하여 당회(이사회) 형태로 운영하는 조직으로 대개의 장로교회들이 따르는 형태이다.
② 운영위원회에 의한 운영 - 항존직인 장로제의 단점을 보완하기 위하여 해마다 운영위원을 선출하여 제반교회의 행정과 목회를 운영하는 형태로 최근 많은 교회들이 따르고 있다.
③ 회중제 - 전체 제직회나 공동의회를 통해서 최종적인 운영의 결정권을 가지는 형태로 침례교회, 하나님의 성회 그리고 신생의 개척교회에서 임시로 운영하는 형태이다.

▶ 잠깐만! 이것만은 알아두세요!

기독교 교회의 태동

세계적인 교회회의가 아직 없던 시절 교회회의는 각 지역별로 있었다. 그러나 A.D. 313년 콘스탄틴 대제가 기독교를 국교로 공인한 후부터는 세계적인 교회회의가 열리게 된다. 그래서 313년부터 580년 초대 교황 그레고리 1세가 즉위할 때까지 교회회의는 여러 차례 거듭된다.

그러면 이전까지는 기독교가 계속 박해와 핍박을 받아오다가 비로소 교회회의를 세계적으로 열 수 있게 되는 그 배경은 무엇인가? 여기에는 콘스탄틴 황제를 비롯한 모든 로마 황제들이 기독교를 정치 목적으로 이용하려는 불순한 저의가 깔려 있었기 때문이다.

콘스탄틴 황제가 기독교를 로마의 국교로 승인했으니 그야말로 기독교 역사상 가장 훌륭한 공적을 세운 사람이라고 말할 수 있을 것이다. 그러나 콘스탄틴은 공적은 있었지만 정작 그 자신은 그리스도인이 아니었던 것이 드러나고 있다.

콘스탄틴 대제

기독교 역사에 있어서 지대한 영향을 미친 콘스탄틴 황제는 어떤 인물인가? 콘스탄틴의 아버지 콘스탄티우스 클로루스(Constantius Chlorus)는 앞서 언급한 대로 서방 대제인 막시미안(Maximian) 밑의 부제였다. 클로루스는 헬라 여인이며 여관집 딸인 헬레나(Helena)와의 사이에서 아들 콘스탄틴(Constantin)을 A.D. 272년에 얻게 된다.

콘스탄틴은 기독교 신자인 어머니 헬레나의 영향으로 소년기를 보낸다. 그런데 콘스탄틴이 장성했을 때 아버지 클로루스는 정치적 목적으로 헬레나와 이혼을 한다. 그리고 클로루스는 대제 막시미안의 딸인 데오도렛(Theodoret)과 재혼한다. 그런데 그녀 역시 기독교 신자였다.

콘스탄틴 자신은 모친들의 신앙적 감화보다는 부친의 영향으로 막강한 군인이 되고자 하였다. 그리고 자기가 차후에 대권을 장악하면 기독교를 통하여 국가 발전에 도움을 받을 생각을 할 정도로 기독교에 호감을 가졌다.

그는 기독교인들이 정직한 무리이고 균형 잡힌 삶을 사는 이들이며, 하나님께 대한 충성심이 대단히 강하므로 그것을 황제를 향한 충성심으로 선용하면 큰 도움이 된다고 믿었다.

20. 우리 교회의 조직을 알려 주세요

대개의 교회는 다음의 원칙과 목표를 위하여 조직을 가지고 직원을 뽑습니다.

1. 3가지 원칙이 있습니다.
    ① 신학적인 면(교회의 목표)
    ② 교인들의 요구
    ③ 주위환경의 고려

2. 우리 교회의 목표는 다음의 3가지로 압축될 수 있습니다.
    ① 평신도 훈련(계발)
    ② 찬양 선교, 젊은이 선교
    ③ 빈민 선교(생업공동체), 해외 선교

3. 6가지의 목적을 가지고 있습니다.
    예배 : ① 모든 교인이 만족하고 참여할 수 있는 예배
            ② 창의적인 예배를 드리는 것
            ③ 각 교인이 예배드리는 좋은 습관을 기르는 것(교회, 가정)
    교제 : ① 서로 잘 알고 교화하는 것
            ② 소속감을 제공하는 것
            ③ 교회와 그룹 활동을 통하여 사회적인 욕구 충족
    교육 : ① 하나님의 모든 말씀을 가르칠 수 있는 수단이 됨.

② 여러 교인들이 참여하여 효과적인 기독교 교육을 유지함.
③ 사회적인 변화와 압력 가운데서 자녀를 어떻게 그리스도인답게 키울 수 있는지 도움을 줌.

전도·선교 : ① 효과적인 국내·국외 선교 프로그램 개발,
② 속회 모임(사랑방, 셀)에 불신자를 초대하는 방법 모색
③ 불신자에게 생활 전선에서 복음을 전함.

사회봉사 : ① 사회의 악습에 대하여 교회의 자세를 분명히 할 것
② 교인들로 사회 각계각층에서 빛과 소금이 되도록 함.
③ 가난하고 소외된 사람들을 도움.

각 교인에 대하여 : ① 각 교인의 은사 발견 및 사용처 제공
② 문제를 갖고 있는 가정이나 개인에게 상담 제공
③ 각 연령층에 해당하는 특별한 도움을 주는 것

▶ 잠깐만! 이것만은 알아두세요!

예수는 나타나신 하나님

기독교 신앙은 역사적 인간 예수 안에서 하나님이 나타나셨다는 주장에 그 기초를 두고 있는데, 이는 성육신 교리에서 그 분명한 모습을 드러낸다. 기독교 신앙은 예수 그리스도가 단지 위대한 한 인간이 아니라 하나님 자신이라고 주장한다.

성경에 따르면 예수는 곧 하나님 자신이다. 예수는 하나님을 대표하여 행동한다. 따라서 우리가 예수를 경배할 때 우리는 하나님을 경배하는 것이며, 우리가 예수를 알 때 우리는 하나님을 아는 것이고, 우리가 예수의 약속을 들을 때 우리는 하나님의 약속을 들으며, 우리가 예수와 마주칠 때 우리는 하나님과 마주치는 것이다. 성육신의 개념은 그리스도의 신비에 대한 기독교적 성찰의 절정이다. 여기에서 성육신의 핵심은 예수 자신이 곧 하나님이라는 것이다.

속죄를 위한 희생, 메시아, 죽은 자들의 부활 등이 그것이다. 그러나 예수가 있기 전에는 아무도 그런 요소들을 한데 엮지 않았던 것 같다('메시아'가 구약성서에 언급된 횟수는 40회 미만이며, 언급될 때도 이승의 왕이지 인간을 죄악에서 구원하는 신의 화신을 일컫지 않는다). 핵심은 고린도전서에서 바울이 말한 내용이었다.

"내가 받은 것을 먼저 너희에게 전하였노니 이는 성경대로 그리스도께서 우리 죄를 위하여 죽으시고 장사 지낸 바 되었다가 성경대로 사흘 만에 다시 살아나사"(고전 15:3~4).

21. 우리 교회의 기초 모임

　우리 교회의 조직 기초는 물론 예수 그리스도이십니다. 그러나 하부구조를 이루고 있는 가장 중요한 구성원은 신자들 개개인입니다. 그리고 그들의 가정 가정은 교회의 가장 중요한 기초 모임입니다. 신자들 개개인은 가정을 중심으로 공동체를 이루며, 그곳에서 가장 소중한 사랑과 쉼을 얻게 됩니다. 교회는 이들 각 개인의 가정들이 하나님의 원래 창조 목적에 합당하도록 영적인 힘을 공급하고 도와줄 책임이 있는 것입니다. 그리고 각 가정은 이웃의 불신자들에 대하여 하나의 작은 교회가 되어 그들을 도와야 할 책임이 있습니다.

1. 우리 교회의 기초 모임과 조직을 보면 다음과 같습니다.

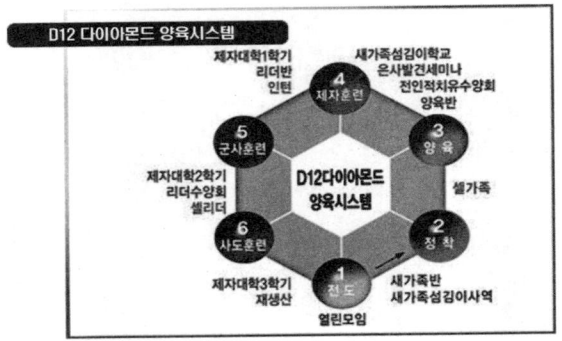

22. 교회의 직원이란 무엇인가요?

교회는 그리스도 예수의 명령을 성취하기 위하여 성령의 은사로 말미암은 직분자들을 세우고 그들을 중심으로 지상명령을 성취하고 지역사회 복음화에 기여하는 것입니다. 그리고 이의 효율적인 실행을 위하여 운영위원회가 각 기관들을 두게 됩니다. 교회 직원의 선발과 직임은 성경에 근거하여 교회헌법의 테두리 안에서 시행하게 됩니다.

1. 교회는 왜 직원들을 필요로 하나요?
   ① 복음 전파의 목적
   ② 성도를 온전케 할 목적
   ③ 봉사의 목적
   ④ 그리스도의 몸인 교회를 튼튼히 세우는 목적

   "그가 혹은 사도로, 혹은 선지자로, 혹은 복음 전하는 자로, 혹은 목사와 교사로 주셨으니 이는 성도를 온전케 하며 (   )을 하게 하며 그리스도의 몸을 세우려 하심이라"(엡 4:11~12).

---

* 봉사의 일

2. 이러한 직원의 직분은 누가 주는 것이며, 그것은 어떻게 나누어지나요?

직분은 하나님이 주신 각각의 은사에 따라 주어져야 합니다.

"우리에게 주신 (   ) 받은 은사가 각각 다르니 혹 예언이면 믿음의 분수대로, 혹 섬기는 일이면 섬기는 일로, 혹 가르치는 자면 가르치는 일로, 혹 권위하는 자면 권위하는 일로, 구제하는 자는 성실함으로, 다스리는 자는 부지런함으로, 긍휼을 베푸는 자는 즐거움으로 할 것이니라"(롬 12:6~8).

3. 일을 맡은 각 사람들은 어떻게 해야 하나요?

교회에서 각각의 일을 맡은 사람은 공통적으로 복음 전파의 일을 하며 맡은 일에 충성을 다하며 자신에게 주어진 임기 동안에는 최선을 다하여야 합니다.

"그러나 너는 모든 일에 근신하여 고난을 받으며 (   )의 일을 하며 네 직무를 다하라"(딤후 4:5).

4. 오늘날에는 교회에 어떤 직분들이 있나요?

이상에서 본 성경말씀을 근거로 하여 장로교회나 여타 교회들도 헌법에 의거하여 다음과 같은 직분을 갖고 일을 하게 됩니다.

---

* 은혜대로, 전도인

항존 직원 : 이것은 교회로부터 위임받은 직분을 정년에 이르기까지 수행하는 직원입니다.
① 목사 ② 장로 ③ 안수집사
임시 직원 : 이것은 임기기간 1년으로 교회의 필요에 의해 다시 임명하게 됩니다.
① 권사 ② 서리집사 ③ 교사 ④ 전도사
⑤ 전도인

단, 항존 직원일지라도 매 3년에 한 번씩 신임을 물을 수 있습니다.

23. 우리 교회에는 어떤 직원이 있나요?

우리 교회도 하나님이 허락하신 지역에서 세계 선교와 지역사회 구원을 위하여 일꾼들을 가지고 있습니다. 무엇보다 중요한 직원들은 복음 전하는 자들과 교사들입니다. 이들이 교회의 전위적인 역할인 말씀 선포와 교육을 담당하기 때문에 교회는 이들의 선발에 신중하고도 엄격한 기준을 두어야만 합니다. 우리 교회에는 어떤 직분과 해야 할 일이 있을까요?

1. **교회의 직분은 어떻게 나누어지나요?**
   ① 교회의 사명인 복음 전파를 위하여

   목사 → 전도사 → 사역자 → 조장 → 순장

   ② 교회의 교육을 위하여
   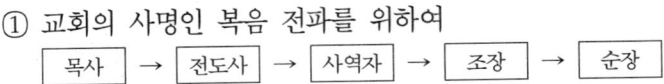
   목사 → 전도사 → 교사 → 반사

   ③ 교회의 운영을 위하여

   목사 → 장로 → 안수집사 → 권사 → 서리집사

   ④ 교회의 행정을 위하여

   목사 → 운영위원장 → 기관장 → 주일학교 부장

   ⑤ 기타 교회의 효율적인 관리를 위하여

   사무직원 → 대변인 → 사찰 → 찬양대 → 운전직원

2. 이러한 직분자의 임명과 선발은 어떻게 되나요?
① 성경의 기준에 따라 은사를 중심으로
② 교회의 헌법적 테두리 안에서
③ 교회가 정한 규칙을 가지고
④ 전 교인이 동의한 후에
⑤ 교회에 공포함으로써 임명이 됩니다.

24. 우리 교회의 직원 선발 기준은 무엇인가요?

우리 교회는 하나님의 백성들의 모임으로서 그리고 그리스도의 몸으로서 좀더 많은 불신자들에게 복음이 증거되기를 원하는 목적 하에서 다음과 같은 과정을 거친 자만이 교회의 직원이 되어야 한다고 생각합니다. 이미 앞장에서 설명한 대로 교회의 직원은 예수 그리스도의 대리자요 종으로서 사명을 가지고 이를 수행해야 하므로 충성되지 못하거나 사명이 없는 사람들에 대하여서는 주님의 몸 된 교회의 귀중한 직분을 맡기지 않아야만 그 직분의 귀중성과 영광이 드러나는 것이라고 믿기 때문입니다.

1. **목사 및 전도사는 어떻게 모시게 되나요?**
   ① 교단의 정식적인 신학수업과 인정을 받은 자로서
   ② 전 교인의 동의에 의하여
   ③ 흠이 없는 동안에는 계속하여 일을 맡게 됩니다.

2. 순장(구역장)의 선발 과정은 어떻게 되나요?
   ① 학습교인으로서
   ② 전도훈련을 이수하여 수료한 자로서
   ③ 자신의 생활터전을(가정, 직장) 중심으로 사랑방 모임을 개설하기로 약속한 자입니다.

3. 교사의 선발 과정은 어떻습니까?
   ① 순장으로서
   ② 교사단기대학을 수료하여
   ③ 학생들을 본인 스스로가 전도하여 반을 만들 것을 서약하는 자입니다.

4. 조장의 선발 과정은 어떻게 되나요?
   ① 순장으로 현재 전도의 열매를 맺고 있는 자로서
   ② 조장교육을 수료하여
   ③ 4개의 사랑방을 관리할 것을 서약하는 자입니다.

5. 집사의 선발 과정은 어떻게 되나요?
   ① 조장으로서 현재 사랑방들을 돌아보며
   ② 청지기 훈련을 수료하여(매년 실시)
   ③ 제직회에 빠짐없이 참석할 것을 서약하는 자입니다.

6. 사역자의 선발 과정은 어떻게 되나요?
   ① 현재 조장 또는 집사로 수고하며
   ② 교역자를 대신하여 사랑방 성경공부를 인도할 훈련을 받은 뒤에
   ③ 사랑방 성경공부반에서 말씀을 가르치기로 준비하는 자입니다.

7. 안수집사 및 권사의 선발 과정은 어떻게 되나요?

① 사역자로서 교역자로부터 공천을 받아 공동의회의 표결로 선출됩니다.

8. 장로의 선발 과정은 어떻게 되나요?

① 안수집사로서 교역자의 공천을 받아 공동의회의 표결로 선출됩니다.

2부

새신자와의 대화

25. 신앙의 길로 가려는 분들에게

― 안녕하세요! 목사님, 저 김 교수님의 소개로 왔습니다.
― 그러세요! 전화로 이야기는 들었습니다. 신앙에 대해 알고 싶으시다고요?
― 네! 목사님, 《다빈치 코드》를 읽다가 제가 지금까지 알고 있던 기독교와 많이 달라서 교수님께 여쭈어 보았는데, 이해는 어느 정도 되었지만 그것이 잘 믿어지지가 않아서요!
― 그렇겠죠! 신앙은 이해의 차원도 필요하지만 감동의 차원이 동시에 와야 하는 것이거든요!
― 감동의 차원이라고 하셨습니까?
― 네! 그렇습니다. 그래서 죄인들이 신앙을 더 잘 가진다는 말이 있습니다. 죄의 실체를 아는 분들이 죄의 해결책을 고민하는 법이지요.
― 죄인이라고 하면 구체적으로……?
― 흔히 우리가 말하는 감옥에 들어가 있는 사람들을 말하겠죠? 특히 흉악범들의 경우 사형을 언도받고 나면 신앙을 찾을 확률이 거의 99%라는 통계가 있습니다.
― 왜 그런가요?
― 신앙의 길은 죽음과 삶의 갈림길에서 삶의 길, 즉 살림의 길로 간다는 것을 말합니다. 이것은 우리가 우리의 삶을 음미해 볼 때 분명히 느낄 수 있는 것입니다. 우리가 사람들에게 '악(惡)'에서 떠나라고 이야기할 때 사람들이 그 악에서 쉽사리 떠나지 못하는 이유가 무엇입니까? 사람들이 짓게 되는 모든 악이 육신의 즐거움

을 만족시키는 것이기 때문입니다. 그러므로 죄를 버린다는 것은 곧 자신의 육신을 거스른다는 것과 동일한 말이 됩니다. 아마도 이런 이유로 해서 세상의 모든 종교들이 수양과 고행을 중요한 행동지표로, 혹은 덕목으로 내세우고 있는지도 모르겠습니다. 하지만 조금이라도 자신에게 충실하려고 했던 사람은 압니다. 인간은 자신에게서 나오는 모든 것을 부정하고 내버리지(-) 않으면 결코 악을 떠날 수 없다는 것을 말입니다. 악을 이기기 위해 속세를 버리고 혹은 고행을 해도 우리가 육신을 벗어 버리지 않는 한 결코 죄에서 자유로울 수가 없다는 것입니다. 그런데 이 죄를 잘 인정하지 않는 이유는 핑곗거리가 있어서입니다. 즉 '남들도 다 짓는데 나만' 하는 생각과 '나보다 더 큰 죄를 짓는 사람도 많은데' 하는 생각, '이 정도쯤은 죄도 아니다'라는 생각 때문에 죄를 잘 인정하지 않지요. 그러나 흉악범으로 사형을 언도받게 되면 막다른 골목에 이른 것입니다. 그때는 후회하는 거죠. 마지막 길에서 신의 심판에 대해 고민하게 되는 것입니다.

― 말씀을 듣고 보니 이해가 됩니다. 그래서 세리(세무공무원)와 창녀가 하나님 나라에 먼저 들어갈 것이라는 말씀이 나오는군요?

― 맞습니다. 육신의 본능에 따르는 욕심이 양심에 따라 행동하려는 인간 영혼의 소리를 듣지 못하게 합니다. 그래서 성경은 육신의 본능적 욕망은 영혼의 갈망에 대하여 서로 원수가 된다고 합니다. 그리고 그러한 육신의 욕망은 하나님께 대해서도 원수가 되어 결국 하나님께서 우리를 징벌하시는 원인이 되는 것입니다(롬 8:7). 성경은 육신적으로는 이 세상 모든 사람이 다 죄인이라고 선고합니다(롬 3:23).

― 그러면 어떻게 해야 믿음을 가지게 될까요?

― 무엇보다 먼저 신앙의 첫걸음은 '회개'로부터 시작됩니다. '회개'란 우리가 영혼의 갈망대로 살지 아니하고 육신의 욕망대로 살았다는 것을 인정하는 것입니다. 이러한 인
정은 곧, 우리는 '죄 용서함을 받을 필요가 있는 존재'인 것을 시인(是認)하는 것입니다. 이 고백이 결국 예수 그리스도의 대속적 죽음을 받아들이게(+) 하는 것입니다.

― 대속적 죽음이라고 하셨나요?

― 그렇습니다. 교수님에게 설명을 들으셨겠지만, 대속적 죽음이란 예수님이 십자가에서 죽으신 것이 내 죄 때문이라고 입으로 인정하는 것입니다. 그러므로 누구라도 자신의 죄인 됨을 인정하고(회개), 예수 그리스도의 희생적 죽음을 믿으며(믿음), 그 예수님을 마음에 고백함으로 모시면(영접) 그는 모든 죄를 용서받고 죄에서 구원받아 영생(永生 : endless life)을 얻게 되는 것입니다.3)

---

3) 롬 6:6; 요 1:12, 3:16.

26. 우용식 씨를 생각하며

― 목사님의 말씀을 듣고 보니 왜 교회에서 회개라는 말을 자주 쓰는지 알 것 같네요!

― 제가 실례를 한번 들어 보겠습니다. 어제 저녁 메뉴는 북엇국이었습니다. 술을 마실 일이 없는 목사 가정이다 보니 북엇국을 해장국으로 먹을 일이 별로 없었습니다. 그러나 간혹 말린 북어와 무, 그리고 계란으로 뽀얗게 끓여 놓은 북엇국은 가슴을 시원하게 해줍니다. 그런데 우리 가족이 어제 저녁에 먹었던 북엇국의 북어는 1년여 전에 부산에 살고 있던 우용식 씨가 생전에 부쳐 준 것이었습니다. 부산에서 이사 온 지 얼마 되지 않아서 헤어진 것을 못내 아쉬워하며 택배로 부쳐 보내어 준 것이 얼마나 많았던지 아직도 한참이나 먹을 만큼 남았습니다. 그는 얼마 전 41세의 나이로 먼저 가고 말았습니다. 제가 가서 손수 장례를 치르고 돌아왔습니다. 그때가 무척이나 더운 여름이었습니다.

― 왜 돌아가셨죠? 젊은 분이신데!

― 그러니까 제가 우용식 씨를 처음 만난 것은 8년 전쯤이었습니다. 친구 부인의 소개로 왔다며 교회에 처음 왔을 때 그는 이미 간경화 말기에다가 간암 초기로 의사로부터 6개월 이상 살 수 없다는 판정을 받은 상태였습니다. 원래 그는 사업가였습니다. 공동 어시장에서 생선을 대량으로 사고파는 유명한 중개인이었습니다. 30이 갓 넘었을 때 주위 사람들도 부러워할 만큼의 돈을 모았습니다. 그러다 보니 자연히 술친구들이 늘어나고 음주 횟수도 늘어갔습니다. 또 사업이 잘 안 될 때는 화를 삭이느라 술을 마셨습니다. 그러다

30대 중반이 되었을 때 자각 증세가 왔습니다. 하지만 이미 술에 습관이 들어 버린 그는 술을 끊을 수가 없었고, 결국 간경화로 입원할 지경에까지 이르게 된 것입니다. 투병생활로 얼마 벌어 놓지 못한 돈도 다 써버리고, 급기야 아내까지 두 아들을 데리고 친정으로 가 버렸습니다. 아무도 돌보아 주는 이 없는 아파트 방에서 죽을 날만 기다리는 신세가 되어 버린 것입니다.

― 참 안되었군요?

― 어디 그분뿐이겠습니까? 인간은 모두 잠재적인 환자죠! 결국 친구 부인의 권유로 차를 두 번이나 갈아타면서 먼 곳 제가 섬기던 교회까지 찾아온 것입니다. '좀더 일찍 교회를 찾아와서 신앙을 가졌더라면 이렇게까지 어렵지는 않았을 텐데……' 우용식 씨와 같은 사람을 보면 목사는 언제나 이러한 생각을 갖게 됩니다. 그러나 그렇게 되는 것이 얼마나 힘든 것인지를 압니다. 왜냐하면 사람은 두 본성 속에 살고 있기 때문입니다. 첫 번째 본성은 '육신의 욕망'입니다. 두 번째 본성은 '영혼의 갈망'입니다. 우리 속에서 이 두 본성이 언제나 갈등을 일으키지만 싸움은 잠시뿐, 언제나 이기는 것은 '육신의 욕망'입니다. 육신의 욕망은 쾌락을 쫓게 하고, 우리 인생의 대부분이 이러한 육신의 욕망을 쫓아가는 것으로 허비됩니다. 우용식 씨 역시 그렇게 허망한 육신의 욕망을 쫓아가다 결국 질병 때문에 좌절하고 만 것입니다.

― 그런데 그분이 신앙을 가지게 되었나요?

― 우용식 씨는 늦은 감이 없지 않아 있지만 제 손을 꼭 잡고 예수님을 영접했습니다. 먼저 죄된 인생을 인정하며 회개했고, 예수님의 십자가 죽음을 믿었으며, 개인의 구세주로 영접했습니다. 그 후 그는 2년여를 더 살다가 가 버리고 말았습니다. 북엇국을 먹을

때마다 그를 생각하게 됩니다.

— 마지막이 되어서야 예수님을 믿었군요?

— 그렇습니다. 그런데 꼭 죽음을 눈앞에 두고 예수님을 믿을 필요가 있을까요? 인간은 어차피 언제 죽을지 모르는 존재인데?

— 하지만 일상에서 신앙을 가지기가 쉽지 않잖아요?

— 맞습니다. 그래서 성경은 인생의 연약함을 기억하라고 경고하고 있죠! 성경은 말씀합니다. "하나님으로부터 하늘 에너지를 공급받지 못하는 사람은 아침에 들판에 베어 놓은 꽃과 같다. 이슬이 있을 동안에는 싱싱한 것 같지만 해가 뜨면 곧 말라 버릴 것이다"라고 말입니다(시 90:6). 물론 선택은 자신이 할 바이겠죠.

사람은 겸손하면 들꽃에서도 진리를 배울 수 있다. 인간과 들꽃이 무엇이 다른가?

"주여 주는 대대에 우리의 거처가 되셨나이다 산이 생기기 전, 땅과 세계도 주께서 조성하시기 전 곧 영원부터 영원까지 주는 하나님이시니이다 주께서 사람을 티끌로 돌아가게 하시고 말씀하시기를 너희 인생들은 돌아가라 하셨사오니 주의 목전에는 천 년이 지나간 어제 같으며 밤의 한 경점 같을 뿐임이니이다 주께서 저희를 홍수처럼 쓸어 가시나이다 저희는 잠깐 자는 것 같으며 아침에 돋는 풀 같으니이다 풀은 아침에 꽃이 피어 자라다가 저녁에는 벤 바 되어 마르나이다" (시 90:1~6).

27. 마귀, 사단 노이로제

— 그런데 목사님처럼 그렇게 쉽게 복음을 차근차근 설명해 주면 좋을 텐데 지하철 같은 곳에서 보면 왜 그렇게 무섭게 전도하는 분이 많은지 모르겠어요?

— 하하! 저도 목사지만 사실 거부감이 느껴집니다. 아마 자신들은 무엇인가를 체험해서 마음이 뜨거운데 그것을 세련되게 전할 방법을 찾지 못한 까닭이겠지요. 얼마 전 집 근처 부동산 사무실에 갔습니다. 앉아서 이런저런 사업상의 얘기를 하다가 전도를 할 요량으로 교회 이야기를 했습니다. 그런데 그분은 두 가지 이야기를 저에게 했습니다. 첫 번째 이야기는 동업자인 같은 사무실의 사장님 이야기였고, 두 번째 이야기는 자신의 자녀 이야기였습니다. 동업자인 다른 사장님은 감리교회의 권사인데 현재 그분의 교회에 분쟁이 일어났다는 것이고, 동업자 권사의 성화에 못 이겨 자기 자녀를 근처 교회 주일학교에 보냈는데 매시간 듣고 와서 하는 이야기가 전부 마귀, 사단 등과 같은 원색적인 것뿐이더라는 것입니다. '아니 얼마든지 좋은 이야기도 많이 있을 터인데, 왜 하필이면 그런 마귀, 사단, 귀신과 같은 이야기만 하는가?'라고 생각했다는 것입니다. 그래서 기분 나빠서 교회에 못 가게 했다는 것이었습니다.

― 그건 저도 그렇습니다.

― 지당하신 말씀입니다. 성경에 얼마나 좋고 아름다운 말씀이 많이 있습니까? 그런데 왜 그 교회에서는 주일학교 어린아이들에게 그런 것들을 성급하게 가르쳤을까요? 조금 너무한 것 같기도 합니다. 하지만 위험한 것을 위험하다고 가르치는 것은 결코 잘못된 것이 아닙니다. 생각해 보십시오. 바로 코앞에 낭떠러지가 있다면 그것을 마냥 부드럽게 이야기할 수는 없는 것입니다. 위험하기 때문에 급하게 외마디로 이야기해 주어야 합니다. 마귀와 사단이라는 존재가 그렇습니다. 죄와 허물을 이야기하면서 그들의 존재를 이야기하지 않을 수 없는 것입니다. 사단은 악의 근원이며, 마귀는 죄악을 짓게 하는 눈에 보이지 않는 조종자입니다. 인간이 죄를 짓고 그리하여 하나님의 권위에 도전하는 등등의 일은 모두 악의 교사자인 마귀가 배후 조종하기 때문입니다.

― 하지만 좀 우아하게 진리를 가르치다 보면 자연히 그런 것들도 깨닫지 않을까요?

― 물론 부모님들이야 아이들이 보다 아름다운 것을 보고, 듣고, 말하길 바랍니다. 그러나 이 모든 아름다움보다 더 중요한 것은 죄의 심각성과 죄로 인하여 오게 되는 징벌의 위험을 더욱 깨닫는 것입니다. 그러므로 마귀와 사단의 존재를 가르치고 그들에 대하여 대항하고 견제할 수 있는 하나님의 말씀을 가르치는 것이 무엇보다 중요합니다. 성경은 에베소서 2장 1절에서 사람은 죄와 허물로 모두 죽었던 자들이라고 선포하였습니다. 그리고 우리가 지은 죄들은 모두 마귀, 사단, 악령들의 유혹에 넘어갔기 때문이라고 말씀하고 있습니다. 우리의 눈에 보이지는 않지만 우리를 죄짓게 하고 넘어뜨리려는 마귀는 분명히 존재합니다. 물론 우리가 그들에 대해 비

정상적인 관심을 가지는 것도 문제이겠지만 그들을 무시하는 것도 위험합니다.

― 그러면 마귀와 사단과 같은 실체를 아는 것이 중요하다는 말씀이군요?

― 그렇습니다. 악에는 분명히 배후가 있습니다. 에덴 동산에서 아담과 하와가 죄를 지은 것은 뱀으로 위장한 사단이 있었기 때문입니다. 그러므로 죄와 사망을 가져다주는 마귀, 사단에 대하여 가르치고 배우는 것은 자녀들로 하여금 죄를 깨닫게 하고 선한 양심을 가지고 살도록 해주는 귀중한 역할을 합니다. 예수님은 이 마귀의 일을 멸하러 왔다고 하셨습니다.

28. 영적 죽음이란?

— 목사님! 성경은 우리를 보고 죽은 존재라고 했는데, 그렇다면 그것이 영적으로 죽었다는 뜻인가요?

— 제가 이런 비유를 한번 들어 보겠습니다. 꽃병에 꽂힌 꽃은 죽은 꽃일까요, 살아 있는 꽃일까요?

— 글쎄요? 아리송합니다!

— 언젠가 학교 교실에서 학생들간에 논쟁이 벌어진 적이 있습니다. 이야기인즉 "꽃병에 꽂힌 꽃은 죽은 꽃인가? 아니면 살아 있는 꽃인가?" 하는 것이었습니다. 하루가 거의 꼬박 다 가도록 토론을 벌였지만 쉽게 결론이 나지 않았습니다. 하지만 저녁 무렵이 되어서 양측의 주장이 어느 정도 정리가 되었습니다. 먼저 살았다고 주장하는 측의 내용은 정리하자면 대략 다음과 같습니다. "꽃병에 꽂혀 있는 꽃이라도 물을 흡수하고 있다. 이는 뿌리가 없어도 줄기를 통하여 식물의 대사가 일어나고 있으며 또 잎을 통한 식물의 호흡, 즉 광합성작용이 일어나고 있으며 언제라도 뿌리가 있는 줄기에 접붙임을 당하면 완전히 소생할 수 있기 때문에 이는 분명히 살았다고 볼 수 있다"는 것입니다. 그러나 죽었다고 주장하는 측의 의견도 만만치 않습니다. 즉 "식물의 근원은 뿌리다. 뿌리로부터 잘려 나온 꽃은 이미 죽은 상태이다. 겉으로 보기에는 멀쩡해 보이지만 꽃병에 꽂힌 꽃은 모두 시들어 결국 쓰레기통에 들어간다. 잠시 생명이 붙어 있는 것처럼 보여 꽃망울이 활짝 펴 꽃이 만개하기도 하지만 꽃병에 꽂힌 꽃이 결코 씨를 맺을 수 없는 것은 그것이 이미 죽었음을 반영하는 것이다. 그러므로 꽃병에 꽂힌 꽃은 죽었다"는

것입니다. 어때요? 죽었을까요, 살았을까요?

― 이러한 주장은 양측이 다 옳아 보입니다.

보기에는 아름다운 꽃병에 꽂힌 꽃. 그러나 생명에서 잘려나간 꽃이다. 성경은 인간의 영적 상태를 이와 같이 표현한다.

― 저도 그렇습니다. 정말 꽃병에 꽂힌 꽃은 죽어가기도 하지만 살아 있기도 합니다. 성경도 똑같은 진단을 인간에게 내리고 있습니다. 한편에서는 우리를 살아 있는 자라고 이야기하는 반면 한편에서는 우리를 죽었다고 이야기합니다(엡 2:1). 인간은 죄에 대해서는 살았고(롬 3:10), 하나님께 대해서는 죽었다는 것입니다(롬 3:20). 그렇게 보면 하나님을 떠난 인간은 꽃병에 꽂힌 꽃과 같습니다. 인간이 죽었다고 하는 것은 영혼이 죽었다는 것입니다. 그래서 야고보서에서는 영혼 없는 생명은 죽었다고 합니다. 그런데 꽃병에 꽂힌 꽃처럼 겉으로는 죽었는지 살았는지 분간이 되지 않습니다. 오히려 겉으로 보기에는 조화롭게, 예술적으로 꽂혀 있는 꽃이 훨씬 아름다워 보입니다. 그러나 그 꽃은 열매를 맺지 못하고 또 씨를 맺어 새롭게 부활하지 못합니다. 사람은 본디 하나님의 영과 교제하며 그분과 즐거워하며 서로 사랑하는 가운데 살아가도록 만들어진 존재입니다. 그래서 사람의 가슴속에는 다른 것으로 채워도 채워지지 않는 공간이 있습니다. 그곳은 오직 하나님만이 채울 수 있는 공간입니다. 고기가 물을 떠날 수 없듯이, 꽃이 뿌리를 떠날 수 없듯이 사람은 하나님을 떠나 존재할 수도, 삶을 아름답게 할 수도 없습니다. 겉으로 보기에는 다 똑같은 세상 사람들이겠지만 그 속엔 영혼이 죽은 사람과 영혼이 살아 있

는 사람이 있습니다. 첫 번째 아담이 에덴 동산에서 범죄한 이후 모든 인간은 죄와 허물로 인해 죽은 자가 된 것입니다.

― 그렇다면 다른 방법으로는 구원 얻을 길이 없을까요?

― 성경은 단호하게

이렇게 말씀합니다. 사도행전 4장 12절을 보면 "다른 이로서는 구원을 얻을 수 없나니 천하 인간에 구원을 얻을 만한 다른 이름을 우리에게 주신 일이 없음이니라 하였더라", 그러므로 오직 예수의 이름을 믿음으로 구원을 얻습니다. 또 요한복음 5장 24절에서는 "내가 진실로 진실로 너희에게 이르노니 내 말을 듣고 또 나 보내신 이를 믿는 자는 영생을 얻었고 심판에 이르지 아니하나니 사망에서 생명으로 옮겼느니라", 즉 예수를 믿으면 구원받고 심판에 이르지 아니하며 영생을 얻게 됩니다. 이것이 바로 죄와 사망으로부터의 '구원'입니다. 일단 예수님을 향해 마음을 여시고 그분을 초대하십시오. 그러면 내 죄를 모두 씻어 주신 예수님이 내 안에 들어오셔서 주인으로 거하시게 됩니다.

29. 영화 "타이타닉"을 보고

　1910년, 세계 최대의 호화 여객선이 영국 북부 아일랜드에서 건조되었습니다. 그 배의 이름은 타이타닉 호입니다. 타이타닉 호가 건조되었을 때 많은 사람들이 그 배를 타려고 모여들었습니다. 3천 명이 넘는 사람들이 대서양을 건너는 세계 최대, 최고의 배를 타고 미국으로 가다가 다시 세계 최고의 속도를 갱신하기 위해 빙산 충돌의 위험과 경고를 무시한 채 돌진하다가 사흘 만에 차가운 북대서양의 해저에 가라앉고 말았습니다. 90여 년이 지나서야 타이타닉 호의 침몰을 영화화한 작품이 상영되었습니다.

　몇 년 전 아내와 함께 영화 "타이타닉"을 보고 나왔습니다. 장장 3시간이 조금 넘는 그 영화를 보고 나올 때, 저도 아내도 상당히 흥분되어 있었습니다. 그 흥분은 거의 그 다음 날까지 이어졌습니다. 그 영화가 우리에게 준 흥분은 두 가지로 설명될 수 있을 것입니다.

첫 번째는 죽음 앞에 놓인 사람들의 다양한 태도입니다. 타이타닉 호 안에는 특실에서부터 배 맨 밑의 3등석까지 다양한 사람들이 타고 있었습니다. 하지만 그 안에 타고 있던 사람들은 배가 침몰의 위기에 놓인 것도 모르고 흥청망청 즐거워하고 있었습니다. 그러다가 죽음이 코앞에 다가왔을 때 그들은 공포에 떨어야 했습니다. 배가 두 동강이 나서 그 차가운 물 속으로 가라앉을 때 그들이 가지고 있던 지위와 돈, 그리고 아름다운 모든 것들도 그들을 구원할 수가 없었습니다. 빈부와 남녀노소를 막론하고 죽음 앞에서는 공평하였습니다. 일부는 배에서 떨어진 파편 조각을 붙잡고 잠시 동안 물 위에 떠 있었지만 그들은 모두 차가운 바닷물에 심장이 멎고 말았습니다.

두 번째 감동은 사랑의 위대함입니다. 여자 주인공 로즈와 남자 주인공 잭의 사랑은 생사를 뛰어넘는 사랑으로 영화를 보는 사람들의 가슴을 감동시킵니다. 영화를 보면서 저도 모르게 옆자리에 앉은 아내의 손을 꼬옥 쥘 수밖에 없었습니다. 그만큼 그 둘의 사랑은 감동을 줍니다. 여인은 위험에 빠진 남자를 구해냅니다. 이미 배가 침몰하여 물이 선실에까지 차 올랐지만 위험에 빠진 자신의 사랑을 위하여 헤엄쳐 가서 구하는 것입니다. 그리고 배가 완전히 가라앉고 난 뒤에 잭은 로즈를 구하기 위하여 자신의 목숨을 희생합니다. 그리고 그 작은 뗏목 위에서 사랑하는 이와 약속을 합니다. 사랑하는 사람과 함께 죽어야겠지만 꼭 살아야 한다는 당부의 말을 가슴에 담고 드디어 구조선에 구출됩니다. 그리고 84년이 흐른 어느 날 로즈는 사랑하는 이를 묻어야 했던 북대서양의 그 바다 위로 되돌아옵니다. 이미 할머니가 되었지만 그녀의 가슴속에는 오직 하나뿐인 사랑이 살아 있는 것입니다.

이 세상이 그렇습니다. 경기가 좋든 나쁘든, 부자든 가난한 자든 상관없이 모든 인간은 죽는 것이 정해져 있습니다(히 9:27). 그러나 주님의 사랑은 자신의 죽음으로써 우리를 살리시고 영원히 죽지 않는 생명을 부어 주셨습니다.

30. 하나님은 인간을 얼마나 사랑하시나요?

― 하나님은 사랑이시라고 하는데 구약성경을 보면 잔인한 일도 명령하시지 않았나요?

― 그 부분에 대해서는 예를 들어 보겠습니다. 제가 오래 전 보았던 아주 감명 깊은 영화 중에 "나 홀로 사막에(Lost In The Desert, 1970)"라는 작품이 있었습니다. 여덟 살짜리 꼬마 더키는 건강이 나빠 기침을 심하게 합니다. 피아니스트인 더키의 아빠는 의사의 권고에 따라 더키를 공기 맑은 피트 아저씨의 농장으로 보냅니다. 아이는 친척집에 가기 위하여 외삼촌이 운전하는 프로펠러 비행기에 올라탔습니다. 그들이 가야 할 곳은 지옥이라고 불리는 붉은 사막 건너에 있었습니다. 그 사막은 어른일지라도 자칫 길을 잃으면 목숨을 잃고 마는 그런 곳이었습니다. 그런데 이 비행기가 날아가다가 산자락에 걸려 추락하게 됩니다. 가까스로 불시착을 했지만 언덕에 부딪쳐 삼촌은 즉사하고 비행기는 완파되고 맙니다. 겨우 정신을 차린 아이는 무전기를 통하여 울려나오고 있는 아버지의 음성을 듣습니다만 그것도 배터리가 떨어져 더 이상 들을 수 없습니다. 여덟 살짜리 이 어린아이가 승냥이와 전갈, 낮의 해와 밤의 추위, 그리고 고독과 무서움이 엄습하는 사막에 홀로 서게 되었습니다. 첫날은 비행기 속의 초콜릿과 과자 등의 비상식량으로 용케도 견딥니다만 사흘, 나흘이 지나서 사막을 헤매다가 모래바닥에 엎어지고 맙니다. 의식이 점점 희미해져 가는 그 아이 앞에 종이가 한 장 날아와 코를 간지럽힙니다. 그것은 아버지가 미 공군의 협조를 얻어 붉은 사막에

뿌려둔 200만 장의 전단 중 하나였습니다. 이미 바람에 날아다니느라 반밖에 남지 않은 그 전단에는 아버지의 사진과 함께 이런 글이 적혀 있었습니다. "아들아, 사랑한다. 아빠가 너를 꼭 찾아내마." 모래폭풍에 파묻혀 조용히 죽음을 기다려야 했던 그 아이는 아빠의 강렬한 사랑의 의지에 이끌려 마지막 기력을 냅니다. 그러다가 때마침 그곳을 지나는 인디언에게 발견되고, 그리고 곧이어 아버지와 만나게 되는 기쁨을 얻습니다. 생각해 보십시오. 정상적인 아버지라면 자식이 위험에 처한 것을 보고 그대로 있겠습니까? 자신의 생명과 전 재산을 바쳐서라도 그 자식을 구할 것입니다. 하나님도 그렇습니다. 그분이 정말 창조주시**라면** 어찌 우리 사람을 사랑하시지 않겠습니까?

"하나님이 세상을 이처럼 사랑하사 독생자를 주셨으니 이는 저를 믿는 자마다 멸망치 않고 영생을 얻게 하려 하심이니라"(요 3:16). "영생(永生)은 곧 유일하신 참 하나님과 그의 보내신 자 예수 그리스도를 아는 것이니이다(to know)"(요 17:3).

'말씀이 육신을 입고 오셨다(성육신)'고 주장하는 것입니다. 하나님이 사람의 몸을 입고 이 땅에 오셨다는 것 자체가 세계가 놀랄 사건이요, 우리가 일평생 살펴보고 연구해야 할 주제입니다.

31. His-story의 뜻?

잃어버린 이산가족을 찾아주는 TV 프로그램이 전 국민을 울린 적이 있습니다. 찾으려는 사람과 만나는 사람들이 TV 화면에 나올 때마다 시청자들은 울고, 웃고 했습니다. KBS 방송국 앞과 여의도 광장 그 넓은 곳에 붙여진 벽보들, 그리고 짧지만 그 속에 담겨 있는 가슴 아픈 사연들, 정말 그때를 생각하면 지금도 가슴이 아프고 아련해 옵니다.

요사이도 이러한 사람 찾는 TV 프로그램이 있습니다. "TV는 사랑을 싣고"라는 프로그램인데, 우리나라에서 가장 시청률이 높은 프로그램 중 하나라고 합니다. 이 프로는 매주 전 세계에 흩어져 있는 한국 교민들에게도 여러 경로를 통해 방영이 된다고 합니다. 그들 역시 이 프로를 가장 감명 깊게 본다고 합니다.

왜 이러한 프로들이 인기를 끌까요? 첫사랑, 아니면 잃어버린 가족, 사랑했지만 헤어진 친구, 아니면 그 옛날의 은사. 이 모든 사랑하는 사람을 찾아 다시 만난다는 것은 우리에게 큰 기쁨을 주는 사건이 아닐 수 없습니다.

그런데 여러분, 이렇게 잃어버린 사람을 찾는 또 한 분의 인격이 있다는 사실을 아십니까? 여의도 온 광장에 붙여진 그 많은 벽보보다 더 많은 아픔으로, 찢어진 혈육의 정을 그리워하는 그 슬픔보다 더 큰 슬픔으로, 평생을 못 잊어하는 첫사랑의 가슴앓이보다 더 큰 가슴앓이로 우리를 찾는 분이 있다는 사실을 아십니까? 그분은 바로 하나님이십니다.

여러분은 창세기의 반역을 아실 것입니다. 아담과 하와는 선악과를 따 먹음으로 하나님을 배반했습니다. 그리고 하나님은 그것을 따 먹는 날에는 "정녕 죽으리라"고 선포하셨습니다. 하나님의 추상 같은 말씀이 아담과 하와의 양심을 건드렸기 때문에 그들은 무화과 나뭇잎으로 몸을 가리고 나무 숲속 그늘에 숨어 버렸습니다. 하나님은 사람을 잃은 것입니다. 이것을 지켜보는 사단이 얼마나 고소해했겠습니까? 이것이 인간역사! 불행한 역사의 시작입니다. 이때부터 잃어버린 사람, 죄의 그늘에서 두려워 떠는 인간을 되찾으려는 하나님의 역사가 시작됩니다. "아담아! 네가 어디 있느냐?" 이 음성은 아담 뿐만 아니라 인류를 찾아 부르시는 안타까운 외침입니다.

이렇게 찾으시는 가운데 하나님은 '메시아' 약속을 하십니다. 창세기 3장 15절에서 '여자의 후손'을 보내 주겠다는 약속입니다. 여자, 즉 처녀의 몸에서 나실 예수 그리스도를 예언하신 것입니다. 수천 년을 계속해서 선지자들을 통하여 그 약속을 확인하고 확증해 주셨고, 결국 2천 년 전에 예수께서 이 땅에 찾아오신 것입니다.

예수님께서 베푸신 비유의 말씀 중에 '잃어버린 동전의 비유'는 이러한 예수님의 성육신 목적이 잃어버린 사람의 영혼을 '찾는 것'임을 상기시키는 것이었습니다.

역사를 영어로 'History'라고 적습니다. 이는 그 뜻이 'His-story'로서 우리말로 '그 남자의 이야기'라고 할 수 있습니다. '그 남자(His)'란 누구입니까? 곧 예수 그리스도(the son of Man=人子)를 말합니다. 즉 죄에 빠져 진리와 영생을 모른 채 살아가는 불쌍하고 가련한 우리를 다시 찾아 자신의 것으로 삼으려고 이 세상에 들어오시고 그리고 그것을 모두 성취하신 주 예수 그리스도의 이야기입니다. 그러므로 여러분이 역사 속에서 주 예수 그리스도를 만나지 못했다면 아직 여러분은 역사의 주인공이 아닌 것입니다.

32. 벤허와 같이?

― 혹시 "벤허"라는 영화를 보셨나요?
― 네, 오래 전에 보았던 기억이 납니다.
― 사실 "벤허"야말로 수세기가 지나가도 사람의 마음에 남을 불후의 명작입니다. 영화로도 만들어져 많은 감동을 준 이 작품을 쓴 작가는 원래 무신론자로서 그리스도인들을 핍박하던 사람이었습니다. 그가 그리스도의 신성을 뒤엎으려고 도서관에서 자료를 뒤지던 중 거역할 수 없는 그리스도의 증거 앞에 그만 무릎을 꿇고 "주는 그리스도시요, 살아 계신 하나님의 아들이십니다"라고 고백했다는 것은 유명한 일화입니다. 저도 오래 전에 그 영화를 보았습니다. 하지만 그 감동은 십수 년이 지난 지금까지도 지금 현재 영화를 보는 것처럼 생생합니다. 그 한 편의 영화가 저를 바꾸어 놓았는지도 모를 일입니다. "벤허"의 스토리는 두 남자의 이야기입니다. 한 사람은 유대 귀족의 한 젊은이 '쥬다 벤허', 또 한 사람은 '갈릴리 사람 예수'입니다. 귀족 청년인 쥬다 벤허의 조그마한 실수와 그의 로마인 친구 청년 근위대장의 배신과 음모로 그의 집안은 풍비박산이 나고 맙니다. 자신은 토굴 감옥을 거쳐 노예로 전락하고, 그의 어머니와 여동생은 문둥병이 발하여 어두운 동굴 속에서 살게 됩니다. 이때부터 복수를 향한 집념이 벤허의 가슴 속에서 불타오릅니다. 점점 복수할 수 있는 자리에까지 나아갑니다. 그런데 복수를 다 이루어 감에도 불구하고 그의 가슴엔 기쁨이나 평화가 없습니다. 이것이 쥬다 벤허가 걸어온 인생길입니다. 우리들 모두의 인생처럼 말입니다. 그런데 또 다른 한 청년의 삶이 잠시잠시

오버랩(overlap)되면서 화면에 나타납니다. 아무런 소유도 없는 사람, 어떤 것도 제 것으로 만들려고 하지 않았던 삶, 그리고 그토록 그를 아끼고 따르던 사람들에 의해 고발당하고 모함받아 십자가에서 죽게 되었지만 그의 동료, 가족, 사회, 기회 등 어떤 것에 대해서도 원망하거나 적개심을 드러내지 않았던 사람. 오히려 자신을 내어 준 자들을 향하여 축복하는 그분의 삶 앞에 쥬다 벤허가 클로즈업(close-up)됩니다. 쥬다 벤허는 의문을 갖습니다. '왜 저 사람은 신을 원망하지 않는가? 왜 저분은 원수를 갚으려고 하지 않는가?' 그러다가 그분의 신비한 눈빛을 바라보면서 그도 자신의 운명을 바꾸어 놓았던 모든 사람을 용서합니다. 그 순간 주님은 십자가에서 운명하시고 하늘은 잠시 암흑에 휩싸입니다. 그 순간, 쥬다 벤허가 가슴에 맺힌 모든 원한과 원망을 푸는 순간 그의 어머니와 누이동생에게 퍼져 있던 문둥병이 사라집니다. 예수의 삶은 이처럼 우리의 삶과는 정반대의 길이었습니다. 이것이 하나님께서 받으실 만한 향기로운 제사가 된 것입니다. 그러므로 누구든지 예수 그리스도의 이름으로 하나님 앞에 제사를 드리면 하나님은 우리의 죄와 허물을 용서하시는 것입니다. 히브리서 13장 15절에 "이러므로 우리가 예수로 말미암아 항상 찬미의 제사를 하나님께 드리자 이는 그 이름을 증거하는 입술의 열매니라"고 했습니다. 누구라도 예수라는 이름을 그 입술로 고백하며 하나님 앞에 서게 되면 하나님의 자녀가 되는 축복을 얻게 되는 것입니다.

"영접하는 자 곧 그 이름(예수)을 믿는 자들에게는 하나님의 자녀가 되는 권세를 주셨으니" (요 1:12).

— 만약 믿음을 가진다면 어떤 절차가 필요할까요?

― 절차가 아니라 다음과 같이 고백만 하면 됩니다. "나는 죄인입니다. 예수님은 나의 죄를 없애 주시기 위하여 나의 죄를 십자가에 못박아 피를 흘려 주셨습니다. 그러므로 예수님의 공로로 내 영혼은 죄 씻음을 받고 깨끗해져서 살아났습니다. 그러므로 나는 죄에서 자유하며 구원을 얻었습니다. 나는 이것을 믿고 예수님의 이름을 의지합니다. 예수님은 살아 계시는 구원주인 그리스도시요 하나님의 아들이십니다"라고 고백하여 시인하십시오. 내 영혼이 예수님의 십자가 보혈로 말미암아 영원히 살 수 있는 영혼이 된 것이 구원의 의미입니다. 지옥에 가지 않고 구원되어 하나님의 품속으로 가는 것이 구원입니다.

▶ 잠깐만! 이것만은 알아두세요!

소설 벤허

미국 작가 L. 월리스의 장편소설. 부제는 《그리스도 이야기(A Tale of the Christ)》이며 1880년에 간행되었다. 주인공 벤허는 예수 그리스도와 같은 시대 유대인으로, 팔레스타인의 로마 총독에게 위해를 가하려 했다는 혐의로 갤리선(船)의 노예로 고역을 겪게 되었으나, 선단(船團)을 지휘하는 호민관을 위험에서 구해줌으로써 그의 양자가 되어 로마 군인으로서 훈련을 받는다. 그 뒤 전차 경주에서 원수를 이기고, 본디오 빌라도의 책동에 항의하여 봉기한 갈리아인들을 지휘한다. 그후 나병을 그리스도에 의하여 고치게 된 어머니와 누이를 다시 만나게 되고, 기적을 직접 자기 눈으로 보고는 마침내 그리스도교에 귀의한다. 이 소설은 발표와 동시에 베스트셀러가 되었고, 여러 차례에 걸쳐 연극, 영화화되어 인기를 모았다. 특히 1959년 W. 와일러 감독의 영화는 작품상을 비롯하여 11개 부문의 아카데미 상을 수상하였다.

33. 교회는 왜 가야 하나요?

― 목사님 말씀 잘 들었습니다. 그런데 신앙은 목사님께서 개인적인 결단이라고 하셨는데, 굳이 교회를 다녀야만 할 이유가 무엇입니까?

― 좋은 질문입니다. 교회는 '신앙의 어머니'라고 종교개혁자 칼빈이 말했습니다. 신자는 예수님을 마음으로 믿고 입으로 시인하여 예수님을 영접(receive)함으로 탄생합니다. 그것을 '거듭남[중생(重生)=born again]'이라고 성경은 말씀합니다. 왜 거듭났다고 이야기하는가 하면, 모든 사람은 아버지와 어머니로부터 육적인 생명만을 물려받기 때문입니다. 그러다가 예수 그리스도를 만나면 새로운 생명, 즉 영의 생명을 얻게 됩니다. 성경은 그것을 영생(永生=endless life)이라고 합니다. 그러니까 영의 생명(生命)은 곧 영원한 생명입니다. 영혼과 육신의 생명이 조화를 이루는 것이 영생입니다. 교회는 이러한 영생의 삶이 최초로 시작되는 곳입니다.

― 그렇다고 해도 강제성은 없지 않습니까?

― 그 말도 일리가 있습니다. 기독교가 핍박을 받던 시기에는 교회라는 구체적인 조직이 없었습니다. 얼마 전까지 중국의 지하교회 성도들이 그러했고, 지금도 북한에서는 공식적인 교회를 형성한다

는 게 쉽지 않은데, 그러면 그들이 매주일 예배를 드리지 않으니 구원받지 못했다고 말할 순 없지요. 하지만 사도신경을 보면 "거룩한 공회를 믿사오며"라는 말이 나옵니다. 여기서 거룩한 공회는 영어로 Holy Catholic Church입니다. 즉 눈에 보이지는 않지만 영적인 결합에 의한 상징적인 의미의 하나의 교회를 말합니다. 그것이 형식을 갖추어 지역교회(local church)의 형태를 갖느냐 마느냐는 다음의 문제입니다. 또 교회의 형태를 어떻게 가질 것이냐는 형식의 문제도 성경은 규정해 놓고 있지 않습니다. 하지만 구원받은 사람들은 예수를 시조로 하는 새로운 민족이며, 새로운 공동체이며, 새로운 의식을 공유한다는 의미에서 한 교회의 일원입니다. 교회를 통하여 얻는 유익이 그렇지 않은 것보다는 훨씬 많기 때문에 교회에 출석하는 것이 더 좋겠지요.

34. 교회는 꼭 가야 하나요?

- 그러면 꼭 교회를 나가지 않아도 된다는 말씀인가요?
- 후후! 그렇게 생각되십니까? 그러면 이런 예를 한번 들어 보겠습니다. 얼마 전 어떤 목사님이 쓴 책의 제목이 《서초동에서 천국까지》였습니다. 제목이 독특해서 한번 읽어 보았습니다. 이것은 사람들이 이 세상에서 신앙을 가지는 것으로 시작해서 천국으로까지 연결되는 관계성을 아주 재미있게 풀어 쓴 책입니다. '서초동'이란 예수님을 믿는 한 사람이 서 있는 시간(時間)과 공간(空間)입니다. 어떤 사람이라도 천국에 들어가려면 먼저 육신을 입고 이 땅에 태어나야 한다는 뜻입니다. 어느 누구도 태어나지 않고 곧장 천국에 갈 수는 없는 것입니다. 천국에 가고 싶은 사람은 현재 자신의 삶에서부터 천국으로 가는 걸음을 시작해야 한다는 말입니다. 같은 서초동에 사는 사람이라도 서울시민이라는 한 가지의 시민권만을 가진 사람이 있는 반면에, 어떤 사람은 천국의 시민권을 동시에 가지고 있습니다. 이 사람들은 현재 주소를 '서초동'에 두고 있지만 그들의 조국은 '하나님의 나라'입니다. 이때 교회는 하나님의 나라의 대사관입니다. 그래서 교회는 이 세상의 법, 즉 죄의 권세와 음부(지옥)의 권세, 그리고 사망의 권세가 침범치 못합니다. 예수님께서 하나님 나라의 대사관인 교회를 세우셨습니다. "내가 이 반석 위에 내 교회를 세우리니 음부의 권세가 이기지 못하리라"(마 16:18)고 하셨거든요.
- 그러면 교회는 하나님 나라[天國]의 전권을 부여받았다는 천주교의 주장을 그대로 가지고 있군요?

― 어떤 면에서는 그렇습니다. 하지만 다른 것이 있습니다. 그것은 교회의 전권이 교회 자체나 교회의 수장인 교황(敎皇) 등에게 있는 것이 아니라 오직 교회의 전체에 있고, 나아가서는 교회의 머리이신 예수님께 있다는 것입니다.

― 그러면 목사님들의 역할은 무엇인가요?

― 목사들은 사도들의 권위를 가지고 말씀을 전파하고 가르치는 일을 하지요. 하지만 대사에게 전권이 다 있지 않듯이 어디까지나 제한적으로만 있는 것입니다.

― 그렇다면 어느 정도까지 권한이 있는 것인가요?

― 개신교회는 천주교회와 다르게 지역교회의 개체성을 중요시 여기는 점이 다릅니다. 사실 이 때문에 종교개혁을 했지요. 루터와 칼빈은 지나친 교권으로 인해 복음의 순수성이 가려지는 폐단을 몸으로 겪은 분들입니다. 그분들도 원래는 신부였습니다. 하지만 과감히 신부복을 벗어던지고 목숨을 걸고 개혁을 했죠. 그분들의 업적이 많지만 가장 중요한 것은 개교회의 독립성, 즉 개교회자치주의를 건설했다는 것입니다. 그리고 모든 지역교회의 주권은 목회자에게 있는 것이 아니라 평신도들에게 있다고 주장한 것이지요. 그래서 교회는 원칙적으로 목회자를 청빙(초빙)하여 시무토록 하고 있습니다.

― 그런데 오늘날 보니 그것이 잘 지켜지지 않던데요?

― 그렇겠죠! 그것은 다시 개신교가 교권주의화의 길로 가고 있다는 나쁜 징조이겠지요!

― 그런데 교회는 왜 그렇게 종파나 교단이 많을까요?

― 네! 그 부분은 종교개혁의 정신과 관계 있는 것입니다. 즉 개교회의 자율성과 자치성을 유지함에 있어 어떤 형태의 정치제도를 교회

에 도입할 것이냐에 따라서 성격이 나누어진 것입니다. 예를 들면 가장 많은 비율을 보이고 있는 장로회는 스위스의 대의정치제도를 낳은 제도인데, 쉽게 말하면 집사들로 구성된 하원과 장로들로 구성된 상원이 존재하는 양원제 제도로 보시면 이해가 쉽겠네요. 장로나 집사 둘 다 모두 교인들의 투표를 통해서 3분의 2 이상 혹은 동점자가 있을 경우 상위득표자만 재투표해서 과반수가 넘을 경우 뽑는다는 원칙을 만들어 선출된 교회의 자치직원입니다.

― 그러면 침례교회는 왜 생겼죠?

― 침례교회 역시 장로교와 같은 정치제도를 가지고 있는데, 기왕이면 머리에 물을 뿌리는 세례보다는 사람들에게 더 각인(刻印)할 수 있는 침례(浸禮), 즉 물에 한 번 들어갔다 나오게 하는 세례자 요한이 보여 준 침례로 하자는 것만이 다릅니다.

― 그렇다면 목사님, 감리교는 무엇이 다른가요?

― 우선 감리교회의 배경을 알면 이해가 쉽습니다. 감리교는 영국 성공회에서 개혁해 나온 것입니다. 성공회는 아시다시피 천주교회의 정치제도에서 분리해 나와 영국의 왕을 수장으로 하는 전체주의적 정치제도를 가지고 있는데 가르침의 내용은 개신교와 동일합니다. 그래서 감리교는 성공회의 정치제도를 일부 차용하여 교회는 그 주권을 교인들에게 두되 목회자 중에서 수장의 역할을 맡은 감독을 뽑아 대표성을 주는 정치제도입니다. 일반 정치에서 보는 대통령제와 같은 구조입니다.

― 그렇다면 장로교는 의원내각제와 같은 구조라는 것이군요?

― 그렇습니다.

― 요사이는 순복음교회도 많이 있잖아요?

― 순복음교회는 정치체제가 감리교회와 비슷합니다. 그리고 침

례교회처럼 침례를 주장하고요. 한 가지 독특한 점이 있다면 외적인 침례나 세례보다는 성령의 세례를 강조해서 개인의 체험적인 신앙을 보다 더 강조한다는 것이 특징이죠.

― 그런데 왜 이렇게 교단들이 많은 거죠?

― 좀 전에도 말씀드렸듯이 종교개혁의 정신이 개교회의 독립성과 자치주의입니다. 그래서 지역의 문화에 따라서 각각의 운영방식을 강조하다 보니 나오는 것이죠. 그러므로 교단의 차이가 교리의 차이를 말하는 것이 아닙니다. 그리고 교단이란 각각의 정치제도 하에서 개체교회의 대표들, 보통은 목사와 장로가 대표자가 되어 1년에 두 차례 교회 연합회를 합니다. 그것을 노회, 혹은 연회라고 하는데 이 노회에서 중요한 안건을 처리합니다. 안건이란 개교회의 예산을 감독하고 목사나 장로 등 직원들의 이동을 관할하는 것입니다. 또 교회의 재판을 맡아 하는데, 교회 내에서 일어나는 크고 작은 분쟁들같이 각 교회 내에서 해결되지 못한 사항들을 항소심으로 처리하게 됩니다.

― 그러면 그보다 상위기관이 있다는 말이군요?

― 맞습니다. 지역별로 모인 노회가 전국에 수십, 혹은 수백 개가 됩니다. 그러므로 이러한 노회의 대표들이 다시 모여 1년에 두 차례 전국적인 성격의 회의를 하는데 이것을 총회라고 합니다. 대개의 경우 이 총회는 1년 중 한 번은 새로운 총회장이나 임원을 뽑는 데 시간을 들이고, 한 번은 새로운 안건을 처리하는 데에 시간을 들입니다. 이때 선출되는 총회장이 대내외적인 대표의 권한을 가지고 활동하는 것이지요. 천주교의 교황이 종신제인 데 반해 개신교회들은 총회장을 1년 단임으로 선출합니다. 그리고 재판상의 문제는 항고심을 처리하게 되지요.

35. 영적 성장이 무엇인가요?

― 목사님! 이제 마지막으로 여쭈어 보겠습니다. 언젠가 교회에 갔더니 영적인 성장이라는 말씀을 많이 하던데 이해가 잘 되지 않았어요. 그 개념을 좀 알기 쉽게 이야기해 주시겠어요?

― 성경은 믿음으로 예수님을 마음에 영접하면 새롭게 태어난다는 의미에서 중생(重生)이라고 합니다. 그런데 육신의 생명과 마찬가지로 영적인 생명도 자라야 한다고 합니다. 이것은 지성을 예로 들어도 될 것 같아요. 똑같은 사람이라도 사람마다 지성이 다릅니다. 육신의 성장은 말할 것도 없지만 지성도 성장하지 않습니까? 사물을 이해하고 받아들이고 어떤 태도를 갖고 사느냐 하는 문제는 자신이 어떤 것을 배우고 얼마나 배우느냐에 따라 정도의 차이가 납니다. 이해되시죠?

― 그것은 이해가 됩니다.

― 마찬가지로 믿음도 자란다는 것이죠. 즉 하나님의 가치관을 배우고 알게 되면 그것을 실천하고 싶은 욕구가 생깁니다. 그런데 하나님의 가치관은 사람의 가치관과 대치되는 경우가 많이 있습니다. 육신을 가진 인간은 본능적으로 이기적이거든요. 그런데 하나님은 예수님을 통하여 이타적인 삶의 철학을 정립하셨습니다. 즉 예수님처럼 희생(犧牲, a sacrifice)의 삶을 살아 보라는 것이죠. 그런데 저도 믿은 지가 오래됩니다만 그러한 실천이 항상 이기심과 충돌을 합니다. 그래서 잘 실천을 못하죠. 그런데 어려움을 극복하고 손해보기로 마음먹고 실천하면 신기하게도 하나님의 보상이 따릅니다. 마치 십자가를 지고 애매하게 죽은 예수님이 부활을 보상으

로 받듯이 신자는 반드시 믿음으로 살았을 때 보상이 일어납니다. 즉각 나타날 때도 있지만 서서히, 아니면 사후에 그의 자손들을 통해서라도 나타나게 됩니다. 이것을 자꾸 체험하게 되면 실천력이 높아지겠죠? 이것을 신앙의 성장, 혹은 영적인 성장이라고 하는 것입니다. 종교적인 사람이 되어 간다는 말과는 다른 얘기죠!

― 그렇군요!

― 그러면 어떻게 해야 영적인 생명이 더 잘 성장할까요?

― 먼저 우리가 성경이 말씀한 바대로 영적으로 죽었던 존재인 것을 인정해야 합니다. 그러므로 이것을 이해하려면 우리가 왜 영적으로 죽었느냐를 이해하는 것이 중요합니다. 우리가 영적으로 죽은 이유를 성경은 '죄' 때문이라고 말씀합니다. '영적으로 죽었다'는 것은 결국 하나님과 분리되었다는 것을 의미합니다. 물을 떠난 물고기는 살 수 없습니다. 또한 잘려 나가 꽃병에 꽂혀 있는 꽃은 죽은 것입니다. 이와 마찬가지로 영혼을 가진 인간은 영으로 계신 하나님과 분리되어서는 어두움을 이길 수 없습니다. 그러므로 영적으로 죽은 인간은 마치 나무가 접붙임을 당하듯 하나님께 접붙임을 당해야 합니다. 예수님께서 우리에게 이러한 영의 생명을 주실 수 있는 권리와 능력을 가지셨기 때문에 누구든지 '예수의 이름을 부르면' 그렇게 되는 것입니다. 그런 다음 영적인 생명을 가진 사람은 성장해야 합니다. 이것을 '신앙 성장'이라고 합니다. 영적인 생명도 우리의 육적인 생명과 같이 성장합니다. 성장의 목표점은 '열매를 맺는 것'입니다. 갓난아이를 보면 쉽게 이해가 됩니다. 갓난아이를 단순히 젖만 먹인다고 사람으로 성장하는 것이 아니지요? 세 살 이전에 갓난아이에게 사랑의 관심을 보이지 않으면 아이는 그만 자폐증에 걸리고 맙니다. 간호사들은 갓 태어난 신생아들을 2~3시

간에 한 번씩 안아 주지 않으면 갓난아기들이 병들거나 죽는 것을 목격합니다. 마찬가지로 영적으로 갓 태어난 신자는 즉각적으로 교회의 보살핌을 받아야 합니다. 그렇지 않으면 발아하지 못하고 머물러 있게 되지요.

― 그러면 교회에만 가면 자동적으로 신앙이 자라나요?

― 하하. 그것은 마치 "아기가 태어나기만 하면 사람이 되는가요?" 하는 질문과 같습니다. 정글북이나 늑대소년의 이야기를 아시지요? 사람은 모든 가능성을 가진 존재로 태어나지만 어릴 때 지성의 주입을 위한 부모들의 노력과 아기의 자발성이 없으면 무뇌아와 같이 됩니다. 정박아가 되지요. 그런 예는 얼마든지 있습니다. 마찬가지로 영적인 생명도 교회 단체의 성실한 보살핌과 신자 자신의 자발성이 없다면 정상적인 성장이 불가능하지요.

― 그렇다면 교회는 신앙의 성숙을 위해서 봉사하는 기관이군요?

― 맞습니다. 교회는 예수님과의 유기적인 연합을 지원해 주는 단체입니다. 물론 정기적으로 교회에 출석한다고 해서, 예배의 의식에 참여하거나 금식, 철야를 한다고 해서 기계적으로 자라나는 것은 아닙니다.

― 좀더 구체적으로 가르쳐 주세요!

― 자녀가 자라면 가장 먼저 대하게 되는 인격체인 부모들을 통하여 인격이 형성됩니다. 즉 부모들의 마음씨를 닮는 것이지요. 마찬가지로 신자는 성경 말씀을 통하여 하나님의 마음씨를 배웁니다. 그런데 아시다시피 하나님은 형체가 없습니다. 그래서 잘 배울 수가 없죠. 그런데 하나님이 나타나셨습니다. 사람으로! 그분이 바로 예수님이십니다. 우리는 성경을 통하여 나타난 하나님의 인격, 즉 예수님의 마음씨를 배울 수 있습니다. 물론 우리는 지금 눈으로는

예수님을 볼 수 없습니다. 또 만날 수도 없습니다. 하지만 우리는 그분의 인격을 느낄 수 있습니다. 마치 이순신 장군을 보지는 못하지만 그가 한 일을 통해 그분의 인격을 느낄 수 있는 것처럼 말입니다. 일편단심 적으로부터 나라를 지키겠다는, 백성을 사랑하는 마음이 자기를 희생하게 했습니다. 그래서 우리는 그분을 닮고 싶어합니다. 마찬가지로 신자는 예수님을 닮고 싶어합니다. 그 자료는 사도들이 기록해 주었습니다. 그분을 실제로 만났던 사람들이 그분을 만나서 느끼고 변화되었던 사실을 증거하고 있기 때문입니다. 그것을 기록한 책이 성경입니다. 성경은 육신을 입고 사람으로 사셨던 예수님을 소개하고 있습니다. 그러니까 성경은 모두 예수님을 만난 사람들의 기록이라고 할 수 있습니다. 그러므로 영적으로 성장하려면 예수님을 더욱 잘 알도록 성경을 읽으며 머릿속에 그려 보아야 합니다. 그러면 그분의 생각을 이해하게 됩니다. 이해하게 되면 실천하고 싶어집니다. 실천하면 반드시 체험하게 됩니다.

— 무엇을 실천하면 되나요?

— 모든 일을 결정하는 중요한 시점에 자신에게 이렇게 질문해 보면 됩니다. '예수님이라면 이럴 때 어떻게 하셨을까?'

— 에이, 목사님도! 어떻게 예수님처럼 살아요? 목사님도 그렇게는 못 사시잖아요?

— 하하하, 정곡을 찌르시네요. 맞습니다. 하지만 단계가 있습니다. 아주 작은 실천에서부터 높은 실천 단계로 오르는 것입니다. 그것이 지금까지 이야기했던 신앙의 성장, 곧 영적 성장이죠. 저도 높은 단계로 올라가기 위해 신앙을 키우고 있습니다.

▶ 잠깐만! 이것만은 알아두세요!

예수라면 어떻게 할 것인가?

찰스 M. 쉘돈 지음 / 조항래 옮김 / 예찬사 발행

저자 쉘돈이 이 책 초판을 발행한 것은 1896년이다. 이 책은 발행된 이후 판을 거듭하면서 수백만 부가 팔린 베스트셀러다. 이 책이 이렇게 많이 팔리게 된 것은 이 책의 내용 자체 때문이기도 하지만, 사상적으로 볼 때 기독교가 온갖 문제들을 앓고 있는 사회에 무엇인가 구체적인 말과 행동을 보여야 한다는 기독교 사회윤리가 대중 소설의 옷을 입고 선을 보였기 때문이기도 하다.

예수를 믿는다는 것은 모름지기 구체적인 삶을 요구한다. 삶이 없는 믿음은 야고보서에 의하면 '송장 믿음'이다. 여기서 삶이라 함은 개인의 영혼의 삶만이 아니라 육신의 삶도 포함하며, 개개인의 삶만이 아니라 더불어 사는 삶도 포함한다. 그러나 오늘날 우리 그리스도인의 삶이 영혼만을 강조하는 '유령적' 삶이나, 영혼을 등한시하고 인간의 육신적인 것, 세상적인 것을 추구하는 삶으로 타락화되어 가는 경향이 있다. 또한 더불어 사는 세상에서 철저하게 '나 하나'만을 고집하고 개인 구원만을 주장하는 삶과, 어떤 집단이나 사회 구원을 위해서 '나를 잃어버리는' 개인 상실의 삶으로 극단화되기도 한다.

36. 기독교의 첫 이름

지금까지 김 선생은 두 분의 교수님과 두 분의 목사님을 통하여 기독교의 전반에 대해 알아보았다. 미진한 부분이 없는 것은 아니지만 그래도 지금까지 단편적으로 알고 있던 많은 부분을 이해하는 데 도움을 받았다. 그래서 이번에는 독자적으로 자료를 통해서 기독교의 다른 부분들을 이해하여 정리해 보기로 하였다. 어떤 것은 인터넷으로, 어떤 것은 채팅으로, 또 인터넷 인터뷰를 통하여 자료들을 정리해 나갔다.

우선 알고 싶었던 것이 기독교의 첫 이름에 관한 것이었다. 인터넷에 올라와 있던 한 목사님의 설교가 이해에 도움을 주었기에 옮겨 본다.

기독교의 첫 이름은 다른 것이 아니고 '복음'이라고 했습니다. 여러분 가운데 혹 우리 기독교 성경을 읽어 보신 분이 있는지 모르지마는, 성경 가운데는 구약과 신약 두 부분이 있습니다. 특별히 그 중의 신약이 우리 기독교의 내용을 말해 주는 책입니다. 그런데 우리가 신약을 펼쳐 보면 거기 처음 네 책은 전부 '복음'이라고 하는 말로 씌어져 있습니다. 이를테면 마태복음, 마가복음, 누가복음, 요한복음이 그것입니다.

마가복음 1장 1절은 이렇게 시작하지요.

"하나님의 아들 예수 그리스도 복음의 시작이라."

또 마가복음 1장 15절에는 이런 말씀이 있지요.

"때가 찼고 하나님 나라가 가까웠으니 회개하고 복음을 믿으라."

복음을 믿으라고 하였습니다. 처음에 기독교를 '기독교'라고 부르기 전에 '복음'이라고 불렀는데, 여러분, 그 뜻이 무엇인지 아십니까? 물론 한문 글자 뜻대로 '복된 소리'란 뜻입니다. 그런데 이것을 현대 말로 하면 그저 '기쁜 소식'이라고 하는데, 지금은 '소식'이란 말을 영어로 그냥 써서 '뉴스(news)'라 합니다. 다시 말하자면, 지금 말로 표현하면 '좋은 뉴스'입니다. 처음에는 기독교를 부를 때 '좋은 뉴스' 또는 '기쁜 뉴스'라 이렇게 불렀습니다.

아테네 사람들이 흔히 새것을 듣기 좋아해서 언제나 뉴스를 듣기 좋아한다고 하는 말이 책에 기록되어 있지만, 사실 누구나 뉴스는 좋아합니다. 그래서 라디오를 들을 때 뉴스를 제일 많이 듣습니다. 또 우리가 신문을 왜 사서 늘 읽습니까? 그 가운데 뉴스가 있는 까닭입니다. 벌써 60년이 훨씬 지났습니다만, 1945년 그때에 일본이 항복했다고 하는 뉴스가 라디오를 통해서 들려올 때, 그때 우리 선조들이 얼마나 기뻐했습니까. 어떤 이는 기뻐서 날뛰다가 뇌출혈로 죽었다는 말이 있습니다.

그런데 여러분, 뉴스에는 여러 종류가 있습니다. 큰 뉴스도 있고 작은 뉴스도 있고, 그래서 흔히 언론계에서는 이런 말을 하지 않습니까? 가령 '금년엔 제일 큰 뉴스가 어떤 뉴스였다'고. 여러분, 이런 말을 들을 때 혹 이런 생각을 더러 해보셨는지요? 이 우주가 창조되고, 인간이 이 지구에 나타난 이후에 제일 큰 뉴스가 과연 어떤 뉴스였던가 말입니다. 가령 역사적으로 '동양' 하면 동양에서 제일 큰 뉴스가 어떤 뉴스였을까요?

칭기즈칸이 백만 대군을 이끌고 히말라야 산맥을 넘어가는 뉴스, 물론 굉장했을 것입니다. 혹은 서양으로 말하면, 나폴레옹(Napoleon)이 온 유럽을 지배하는 그 뉴스, 혹은 콜럼버스(Columbus)가 대서양을 횡단해서 처음으로 새 대륙을 발견한 뉴스! 다 굉장한 뉴스였

전 세계를 경악으로 몰아넣었던 9·11테러, 그러나 예수의 부활은 이보다 더 경악할 일을 우리에게 뉴스로 전해 준다. 그것은 예수께서 심판자로 이 땅에 다시 오시리라는 것이다.

을 것입니다. 여러분, 한국의 역사를 통해서 제일 큰 뉴스가 무엇이었던가를 생각해 보셨습니까? 신라의 반도 통일, 세종대왕의 한글 반포, 모두 신문이 있었다고 하면 아마 큰 뉴스로 보도되었을 것입니다.

그런데 크다고 반드시 좋은 뉴스는 아닙니다. 여기 1950년의 6·25한국전쟁 같은 것은 물론 전 세계를 통해서 큰 뉴스입니다. 하지만 그것이 우리에게 좋은 뉴스가 될 수 없습니다. 나쁜 뉴스입니다. 그러므로 큰 뉴스라고 반드시 좋은 뉴스는 아닙니다.

그런데 제일 큰 뉴스가 될 뿐더러 제일 좋은 뉴스, 그런 뉴스가 무슨 뉴스인가를 여러분 생각해 보셨습니까? 또, 좋은 뉴스라고 하지만 누구에게나 좋은 뉴스는 아닌 뉴스도 있습니다. 가령 일본이 항복했다고 하는 뉴스는 우리 한국 민족에게는 참 좋은 뉴스입니다. 하지만 일본 사람들에게는 오히려 슬픈 뉴스이겠지요. 어떤 사람들에게는 크고 좋은 뉴스이지만, 어떤 사람들에게는 좋은 뉴스가 못 되는 뉴스도 많이 있습니다.

그러나 제일 크고, 또 제일 기쁘고, 또 제일 좋고, 동시에 누구에게나 좋은 뉴스요, 어느 민족에게나 어느 국가에나 어느 시대를 막론하고 좋은 뉴스가 있는데, 그것이 무엇일까요? 이제 그런 뉴스의 내용을 여러분에게 말씀드리려고 합니다.

옛날 독일에 쇼펜하우어라고 하는 철학자가 있었습니다. 그가 한

번은 어떤 공원에 가서 의자에 외로이 앉아 깊이 인생 문제를 명상하였다고 합니다. 깊은 명상에 잠겨서 해가 지는 줄도 몰랐습니다. 어느덧 황혼이 깃들어 공원문을 닫을 시간이 되었는데, 공원지기가 공원을 둘러보다가 한쪽 옆을 보니까 의자에 어떤 노인이 앉아서 눈을 그냥 감고 나가지를 않고 있는 것이었습니다.

이 공원지기는 어떤 빌어먹을 노인인가 생각하고 큰 소리로 "이거 누구야, 이 사람 어디서 왔어?" 하고 고함을 쳤다고 합니다. 그 때에 쇼펜하우어가 눈을 번쩍 뜨면서, "어디서 왔어? 아, 내가 그걸 알면야! 나는 그것을 몰라서 지금까지 이렇게 눈을 감고 앉아 있는데……" 이런 이야기를 했다고 합니다.

인생이 어디서 왔습니까? 내가 어디서 왔습니까? 여러분, 그렇게 생각해 본 적이 있습니까? 우리는 흔히 생로병사(生老病死), 즉 4고(四苦)를 말합니다. 죽은 다음엔 어떻게 됩니까?

여기에 종교문제가 들어옵니다. 사람들은 이 문제를 대단히 등한시합니다. 그러나 분명히 기억하십시오. 참된 종교의 신앙심이 없이는 참된 영혼의 만족과 행복이 없습니다. 죽음은 초막에나 궁궐에나 다 같이 옵니다. 노인에게나 청년에게나 같이 옵니다.

그런데 성경은 복음을 말씀합니다. 그 복음이 무엇입니까? "이제 너희들에게 죽음은 없다"는 선포입니다. 예수님이 선포하십니다. 자신이 부활했기 때문에 자신을 믿는 자는 다 부활한다는 것입니다. 그 말이 사실이라면 정말 굿뉴스입니다. 빅뉴스입니다.

기독교의 첫 이름은 이렇게 굿뉴스로 불리었습니다. 그 굿뉴스의 주체가 예수 그리스도이기 때문에 그리스도교가 된 것입니다. 그리스도를 한문으로 옮기다 보니 기독교(옛날에 기독이라고 불렀기에)가 된 것입니다.

37. 노아의 홍수는 사실인가요?

이 부분에 대해서 계명대학교 의과대학 교수로 계시는 서문호 교수님께서 답변에 응해주셨다.

노아의 홍수가 사실이었음을 뒷받침해 주는 또 다른 근거는 지질학적 증거입니다. 조그만 강물에 홍수가 나서 마을이 물에 잠겨도 그 홍수의 흔적이 많이 남는데, 하물며 지구 전체를 덮었던 노아 홍수의 흔적이 왜 없겠습니까? 그 당시에 일어났던 격변(catastrophe)이 지구상에는 많이 보존되어 있습니다. 한 가지 예를 들자면, 세계의 도처에 매장되어 있는 석탄층을 들 수 있습니다.

엄청난 양의 식물이 땅 속에 묻혀서 열과 압력을 받아 탄소 성분만 주로 남게 된 것이 석탄입니다. 진화론자들은 식물들이 자라던 그 자리에 자꾸 쌓여서 두꺼운 층을 이룬 뒤 오랜 세월이 지나서 석탄이 되었다고 주장하고 있으나 현재와 같은 평범한 상황에서는 석탄이 만들어질 만한 환경을 발견하기 어렵습니다. 석탄을 포함한 지층과 그 아래 지층과의 경계가 매우 뚜렷하고 세밀한 부분까지 잘 보존된 식물의 잎, 줄기 화석이 발견되는 점으로 보아서 오랜 세월 동안에 만들어진 것이 아니라 지구 전체에 있었던 갑작스러운 대홍수에 의해서 무성하게 자라던 식물들이 휩쓸려 떠내려가다가 먼 곳으로 이동하여 쌓이고 모래, 진흙 같은 퇴적물들에 덮인 후, 그 당시에 있었던 화산 활동 등의 지각변동에 의하여 큰 열과 압력을 받아 비교적 짧은 기간 동안에 석탄이 되었다고 보는 것이 타당합니다.

실제로 실험실에서 연구한 결과에 의하면 적당한 온도와 압력만 공급되면 꼭 긴 시간이 필요치 않고 불과 며칠 사이에도 석탄이 만들어질 수 있음이 증명되었습니다.

▶ 잠깐만! 이것만은 알아두세요!

홍수의 증거 규화목

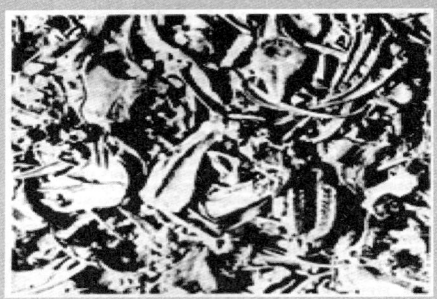

홍수로 떼죽음을 당한 여러 종류의 서로 다른 동물들의 시체가 한데 뒤섞여 발견되는 화석묘지(Fossil Graveyards)는 생생한 증거들이다.

미국의 애리조나 주에 있는 페인티드 사막(Painted Desert)에는 사진에서 보는 바와 같이 나무가 자라지 않는 사막에 매우 큰 통나무 화석이 많이 널려 있다. 규화목(Petrified Wood)이라고 불리는 이 화석은 화산재가 많이 섞여 있는 물에 나무가 잠겨 있을 때 나무의 성분은 녹아 버리고 물에 녹아 있는 광물이 대신 침전할 경우 만들어질 수 있는 화석이다.

규화목은 세계의 여러 지역에서 널리 발견되고 있으며 현재는 만들어지고 있지 않다는 사실이, 강물이 아니라 바닷물에 의하여 지구 전체를 뒤덮는 홍수가 있었음을 뒷받침 해 주고 있다.

홍수의 시작을 성경적 기록으로 보면, "노아 육백 세 되던 해 이월 곧 그 달 십칠일이라 그날에 큰 깊음의 샘들이 터지며 하늘의 창들이 열려 사십 주야를 비가 땅에 쏟아졌더라"(창 7:11~12)고 되어 있다.

하늘의 창들이 열려 엄청난 비가 쏟아졌으며, 단순히 비만 온 것이 아니라 큰 깊음의 샘들, 즉 화산 폭발, 지진, 해일, 엄청난 지하수의 범람 등을 포함한 전 지구적인 대격변이 일어났다.

38. 가톨릭 교회는 정통 교회가 아닌가요?

지금까지 긴 시간 동안 인터뷰에 응해 주신 서 교수님을 뒤로하고 김 선생은 다시 이종남 교수에게 인터뷰를 요청했다.

― 그동안 평안하셨습니까? 교수님! 이번에는 좀더 교리적으로 복잡한 문제를 여쭈어 보려고 교수님을 찾았습니다. 종교개혁자들의 말대로라면 가톨릭은 정통 기독교회라고 볼 수 없겠네요?

― 그렇습니다. 그러려면 교회의 역사를 어느 정도 알아야 합니다. 533년에는 로마 교회 감독을 '세계 교회 머리'로 공식 인정하고 534년 그의 법전을 편찬했습니다. 538년에는 아직도 이탈리아 반도와 로마 교회 감독의 지상권에 도전하는 마지막 아리안주의(Arianism) 게르만족인 동고트를 군사력으로 정복하여, 마침내 교황권을 중세기의 권좌(權座)에 앉혀 놓았습니다. 그 뒤를 이어, 서유럽의 실력자가 된 프랑크 왕 피핀(Pepin, 741~768)은 왕위를 찬탈한 자신에게 왕관을 씌워 준 데 대한 감사로 로마 교회을 적극 후원하여, 754년에는 롬바드에게서 빼앗은 동로마제국의 영지를 교황에게 주어 교황령이 되게 함으로써 로마 교회는 이제 영토를 가진 국가가 되었습니다. 피핀 왕의 아들 찰스 대제는 군사력을 동원하여 곤경에 빠진 로마 교황을 정치적 위기에서 구원한 뒤, 서기 800년 크리스마스에 성 베드로 사원에서 교황 레오 3세로부터 황제의 관을 받음으로써 역사적인 신성 로마제국이 나타나게 되었고, 이 제국은 1806년 나폴레옹에 의해 막을 내리기까지 1,000여 년간 교황권의 성실한 보호자 구실을 했습니다. 십자군을 일으켜 알

비젠스, 왈덴스 등 개혁파들을 무참히 학살하고, 허스와 제롬을 불사르고, 루터의 종교개혁을 저지하기 위해 모든 편의와 힘을 제공한 것이 바로 신성 로마제국이었습니다. 따라서 가톨릭은 초대교회를 계승한 교회가 아니라 오히려 초대교회를 핍박하고, 이방 종교를 흡수한 혼합 종교이고, 정치적 후원으로 성장하였으며, 권력과 금력을 얻기 위해서는 수단을 가리지 않는 세상적 교회라는 것을 알 수 있습니다.

― 그러면 개신교의 입장에서 보면 이단일 수도 있겠군요?
― 민감한 문제이긴 하지만 그렇다고 보아야 합니다.

▶ 잠깐만! 이것만은 알아두세요!

가톨릭의 교리 역사

2세기 - 루시안이 장로를 사제라고 처음으로 부름.
3세기 - 시프리안이 사제가 집전하는 미사를 만들어냄.
A.D. 300 - 죽은 자를 위한 기도(바벨론 종교의 풍습)
A.D. 300 - 십자가 형상을 만듦.
A.D. 320 - 촛불
A.D. 375 - 천사, 죽은 성인들 형상 숭배
A.D. 394 - 미사가 매일 드리는 예식이 됨.
A.D. 431 - 에베소 공회를 통해 마리아를 높이기 시작하고 '하나님의 어머니'라는 칭호로 부르기 시작
A.D. 500 - 사제들이 특별한 옷을 입기 시작
A.D. 526 - 최후의 도유(치유를 위한 의식)
A.D. 593 - 그레고리 1세가 연옥의 교리 확립
A.D. 600 - 미사 때 라틴어 사용
A.D. 600 - 마리아, 죽은 성인들, 천사들에게 기도
A.D. 610 - 최초의 교황(보니파스 3세)
A.D. 709 - 교황의 발에 입맞춤.
A.D. 750 - 프랑크 왕 피핀이 교황에게 세속 권력을 넘겨줌.
A.D. 786 - 십자가, 형상, 유물 숭배 인정
A.D. 850 - 소금, 기름을 섞은 물에 사제가 축성해서 성수로 만듦.
A.D. 890 - 성 요셉 숭배
A.D. 927 - 추기경 대학 숭배
A.D. 965 - 교황 요한 13세가 종(鐘)에 세례를 베풂.
A.D. 995 - 교황 요한 15세가 죽은 사람들을 성인으로 선언함.
A.D. 998 - 금요일과 사순절 금식
A.D. 11세기 - 미사가 점차 희생제사로 발전하고, 참석이 강요됨.

A.D. 1079 - 사제들의 독신생활
A.D. 1090 - 은둔자 베드로가 묵주 사용(이교도 관행) 도입
A.D. 1184 - 베로나 공회 때 종교재판소 제정
A.D. 1190 - 면죄부 판매
A.D. 12세기 - 피터 롬바르트 일곱 가지 성사 확정
A.D. 1215 - 이노센트 3세 화체설 확립
A.D. 1215 - 이노센트 3세 죄를 하나님이 아닌 사제의 귀에 들리게 고백하는 의식(화해의 의식) 제정
A.D. 1220 - 교황 호노리우스 3세 성병 숭배 제정
A.D. 1229 - 발렌시아 공회 때 성경이 평신도들에게 금지되고 금서 목록에 포함됨.
A.D. 1251 - 영국의 사이몬 스톡이 성의를 만들어냄.
A.D. 1414 - 콘스탄스 공회 때 평신도들은 영성체 때 잔을 받을 수 없게 됨.
A.D. 1439 - 플로렌스 공회 때 연옥이 교리로 확정됨.
A.D. 1545 - 트렌트 공회 때 교회의 전통도 성경과 동일한 권위를 가진 것으로 인정됨.
A.D. 1546 - 트렌트 공회 때 외경도 성경에 포함되어야 한다고 결정됨.
A.D. 1560 - 교황 피오 4세가 만든 신조가 원래의 사도들의 신조 대신 공식 신조로 채택됨.
A.D. 1854 - 교황 피오 9세가 마리아의 무염시태(죄 없이 잉태됨)를 선언함.
A.D. 1864 - 교황 피오 9세가 '유설표'를 공표하고 바티칸 공회가 인준함. 로마 가톨릭 교회가 승인하지 않는 종교, 양심, 언론, 과학적 발견의 자유를 정죄함. 교황이 세상 통치자들의 세속 권세 위에 권위를 가졌다고 인정함.
A.D. 1870 - 바티칸 공회를 통해 믿음과 도덕적인 모든 문제에 교황의 절대무오류성 선언
A.D. 1950 - 피오 12세가 마리아의 몽소승천 선언
A.D. 1965 - 교황 바오로 6세가 마리아를 '교회의 어머니'라 부름.

39. 교황제도의 문제점

― 그래도 교황은 존경받을 분들 아닌가요? 얼마 전에 서거한 교황 요한 바오로 2세도 그렇고요!

― 개인적으로야 존경할 만한 분들이죠! 하지만 속을 들여다 보면 그렇지 않습니다. 가톨릭은 교황을 가리켜 베드로의 사도 직분을 계승하고, 그리스도의 대리자이며, 전체 교회의 머리이고, 거룩한 아버지이며, 무오한(오류가 없는) 존재라고 합니다. 그래서 교황의 교시를 성경보다 높게 생각합니다. 그러나 교황에 대한 이러한 교리는 성경에 근거가 없으며 하나님, 예수님, 성경의 권위에 도전하는 일입니다. 교황은 인간에 불과하며, 역사상 많은 부도덕한 일(살인, 신성모독, 치부, 성직 매매, 술 취함, 간음, 동성연애, 근친상간)을 자행해 왔습니다. 중세시대 때에는 왕을 능가하는 부와 권력을 소유하였으며, 이는 예수님이 제시한 섬기는 지도자상과는 거리가 먼 일입니다.

― 아니, 그런데 왜 교황제도를 그대로 두었다는 말인가요?

― 종교가 제도를 가지면 그렇게 됩니다. 오늘날 기독교라고 하면 보통 개신교와 천주교, 즉 로마 가톨릭을 통칭해서 그렇게 부릅

니다. 그래서 "가톨릭은 기독교인가?" 라는 질문은 하나마나한 질문으로 들릴 수 있습니다. 더구나 세계 역사를 조금 아는 사람들은 본래 개신교와 가톨릭이 하나였으나 종교개혁 이후에 갈라졌다는 사실 정도는 알고 있지요. 그리고 종교개혁이 로마 가톨릭에 대한 저항이었고, 그로부터 가톨릭에서 떨어져 나와 생긴 것이 개신교라고 알고 있습니다. '천주교는 큰집이요, 개신교는 작은집'이라는 말도 바로 그러한 역사의 단면만을 아는 사람들이 하는 말입니다. 그러나 그리스도의 터 위에 세워진 교회가 생긴 이후로 종교개혁 때까지의 교회사와 더불어 종교개혁이 무엇인지를 알게 되면 결코 그런 말을 할 수 없을 뿐 아니라, "가톨릭은 기독교인가?"라는 질문에도 쉽게 답할 수 있습니다.

― 그러면 가톨릭은 기독교가 아니란 말인가요?

― 결론부터 말하자면 가톨릭은 기독교가 아닙니다. 거의 대부분의 개신교 용어들과 같은 것을 사용하고 있기 때문에, 또 개신교보다도 기독교의 역사가 더 깊다는 이유 때문에 가톨릭을 개신교와는 약간 다른 기독교로 오해할 수 있습니다. 그러나 가톨릭은 기독교 이단도 아닙니다. 이단(異端)이란 말 그대로 끝이 다른 것인데, 가톨릭은 개신교와 대부분이 같고 끝만 약간 다른 것이 아니라 어떤 의미에서 기독교의 가장 근본적인 진리를 부정하기 때문에 이단이라기보다는 이교(異敎)라고 하는 것이 더 나을 것입니다. 왜냐하면 기독교의 진리로부터 전적으로 이탈한 배교집단이기 때문입니다.

― 그렇다면 가톨릭이 어떻게 기독교의 진리를 배교했다는 말인가요?

― 네! 그것은 진리에 대한 '부인(否認)'을 통해서가 아니라 진리에 대한 '첨가(添加)'를 통해 진리로부터 이탈했기 때문입니다. 이

는 가톨릭이 상당 부분 개신교와 같은 교리 체계를 가지고 있을 뿐 아니라 사용하는 용어도 공통적이라는 사실을 의미합니다. 그렇기 때문에 무심코 바라보면 로마 가톨릭이 개신교와 다른 기독교라고 생각할 수 없을 정도입니다.

― 그렇다면 왜 이런 문제들을 쉬쉬하죠?

― 그것이 가톨릭의 전략이죠. 그 배경에는 A.D. 4세기가 있습니다. 기독교가 핍박을 받는 대상에서 존경을 받는 대상으로 바뀝니다. 마치 지금도 명함에 장로니 집사니 새기고 다니며 사업을 하는 사람들이 있는데, 그렇게 하면 사업에 도움이 되나 봅니다. 그럼 기독교계는 종교 암흑시대에 돌입하면서 깊은 신학적 혼란 속에 빠지게 되었습니다. 마리아가 중보자로 등장하면서 예수 그리스도의 구세주로서의 위치가 흔들렸으며, 그리스도와 사도들에 의해서 가르쳐지던 원래의 진리가 거의 사라져 갔습니다. 수많은 종류의 교리들이 그 원래의 의미를 잃어버리고 방황하게 되었습니다. 교회는 여러 차례 회의와 결의문을 통해서 정설을 정립하려고 했지만, 그러한 것들은 교회를 점점 더 그리스도의 단순한 복음으로부터 멀어지게 하였습니다. 중세기에 종교개혁자들은 로마 천주교회가 적그리스도라는 사실을 증명하였습니다. 그것은 그 당시에 큰 개혁과 부흥을 일으키는 원동력이 되었습니다. 하지만 오늘날에는 그 사실이 거의 감추어지고 말았습니다. 수백만의 그리스도인들이 종교개혁운동에 참여하였습니다. 로마 천주교회는 종교개혁자들을 이단자라고 지명하였고, 그들을 없애기 위하여 천여 년 이상 동안 성공적이라고 증명된 계략을 사용하기 시작하였습니다. 깊은 자연의 요새 속에 숨어서 격리되어 있던 몇몇의 충실한 그리스도인 단체들을 제외하고는 로마 천주교회의 핍박은 놀라울 정도로 성공적이었습니

다. 이 성공은 국가의 강력한 군대들에 의해서 이루어졌습니다. 그리하여 로마 천주교회의 권위에 복종하지 않은 수백만의 사람들은 무자비하게 죽임을 당하였습니다. 역사학자들은 순수한 성경의 진리를 지키기 위해서 고문을 당하거나 순교한 사람들의 숫자가 얼마나 되는지에 대해서 서로 다른 견해를 가지고 있습니다. 그러나 대략 5천만 명에서 1억 명으로 추정된다고 합니다. 교황권이 지배하던 중세기 시대에 남자들은 물론이거니와 여자들과 어린아이들까지도 성경을 따른다는 이유로 죽임을 당하였습니다. 이 일은 거의 모두가 교황권을 추종하는 세속적인 국가들에 의하여 행해졌습니다. 16세기에 들어와서는 그 판도가 달라졌습니다. 교황권의 부패와 만행에 질려 버린 많은 군주들과 왕들은 종교개혁자들의 선언을 받아들였고, 더 이상 교황권의 모든 명령에 복종치 않게 되었습니다. 그리하여 로마 천주교회의 절대권을 수행할 유럽 국가의 군대들이 줄어들게 되었습니다.

― 아니 그렇게 부패가 심했단 말인가요?

― 당시에는 교황이 황제 위에서 권력을 누렸습니다. 그러다 보니 자연히 부패한 거죠! 또 교황이 머리에 쓰는 관은 바벨론의 인어 모양의 신인 다곤 신이 썼던 것과 비슷합니다.

― 그러면 왜 가톨릭 교인들은 그런 것을 모르죠?

― 아무래도 치부니까 숨기기도 하고, 깊이 생각하지 않으니까 모르죠. 그게 전통이죠.

― 전통이라는 게 무섭긴 무섭군요.

― 그러게 말입니다. 교황은 '우리의 거룩하신 아버지(Our Holy Father)' 곧 성부(聖父, 요 17:11)라고 불립니다. 듀에이 성경(Douay Version of the Bible) 안에 있는 교황 레오 13세의 회칙편지를 보

십시오. 또한 교황은 피우스 10세에 의해 '우리의 가장 거룩한 주(Our Most Holy Lord)'라고도 불려졌습니다. 유명한 역사학자인 모레리(Moreri)는 "교황이 하나님이고, 하나님이 교황임을 생각할 때, 교황에 대항하여 싸우는 것은 곧 하나님께 대항하여 싸우는 것이다"라고 말했고, 데시우스(Decius)는 "하나님께서 하실 수 있는 모든 일을 교황 또한 할 수 있다"라고 했으며, 교황 레오 13세는 말하기를 "교회 최고의 교사(the supreme teacher)는 로마 교황이다. 마음의 일치와 한 믿음 안에서의 온전한 조화를 이루기 위해서 우리는 하나님께 하듯이, 로마 교회와 교황에게 완전한 복종과 순종을 드려야 한다"라고 하였습니다. 교황 피우스 10세는 "교황은 예수 그리스도의 대리자일 뿐 아니라, 육신의 베일 뒤에 가려진 예수 그리스도 그분 자신이다. 교황이 말했는가? 말한 이는 예수 그리스도이시다"라고 하였습니다. 교황 피우스 11세는 언젠가 선언하기를 "여러분은 내가 거룩한 아버지요, 지상에서 하나님의 대표자요, 그리스도의 대리자임을 알고 있으니, 이는 내가 지상에서의 하나님인 것을 뜻함이다"라고 하였습니다. 이러한 모든 것은 하나님을 모독하는 것입니다!

▶ 잠깐만! 이것만은 알아두세요!

바벨론 다곤 신

물고기 입 모양의 관을 쓴 바벨론의 다곤 신과 삼중관을 쓴 교황은 같은 모습이다. 즉 다곤 신과 같은 관을 교황이 쓰고 있다.

메소포타미아의 다곤

[교황에 대한 가톨릭 내의 평가]

"교황만이 가장 거룩하다고 불릴 수 있으며……거룩한 군주, 지고한 황제, 그리고 왕 중 왕(King of Kings)이라고 불릴 수 있다. 교황은 그토록 큰 위엄과 능력에 속했기 때문에, 그리스도와 하나가 되어 동일한 심판을 구성할 수 있다. 그래서 교황이 행한 바는 무엇이든지

하나님의 입으로부터 발해진 것처럼 여김을 받는다." 4)

"우리(주 : 교황들)는 이 땅 위에서 전능하신 하나님의 자리를 차지하고 있다." 5)

"교회에 대한 그리스도의 지상권을 뜻한 것으로 성경에서 그에게 돌려진 모든 명칭들은, 교황에게도 마찬가지로 돌려진다." 6)

"세 관으로 꾸며진 이 삼층관을 받으소서. 당신은 군주들과 제왕들의 아버지이며, 세계의 주교요, 구세주 예수 그리스도의 지상 대리자임을 생각하소서. 주의 명예와 영광이 영원하실지어다." 7)

역대 교황들의 오류

요한 23세 성당

• 교황 세르기우스 3세(A.D. 904~911) — 살인을 통해 교황직을 얻었고, 여자와 관계해 불법으로 사생아를 낳았다.

• 교황 요한 12세(A.D. 955~964) — 성적으로 문란해 교황청에 창녀들을 불러들였고 도덕적으로 부패가 극에 달했다. 주교 50명이 성베드로 성당에 모여 교황을 절도, 성직매매, 위증, 살인, 간음, 근친상간으로 고소했으나 교황 요한 12세는 오히려 추기경과 주교들을 채찍으로 때리고 팔과 코와 귀를 자르는 보복을 하였다.

• 교황 요한 15세(A.D. 985~996) — 교회 재정을 자기 친척들에게 나누어 줘 부패한 자라는 소리를 들었다.

• 교황 베네딕트 8세(A.D. 1012~1024) — 공개적으로 뇌물을 주고 교황직을 산 부도덕한 인물이다.

---

4) "Pope", Ferraris, Ecclesiastical Dictionary.
5) Pope Leo XIII, Encyclical Letter, June 20, 1894, The Great Encyclical Letters of Leo XIII, 304.
6) Bellarmine, On the Authority of Councils, bk. 2, ch. 17.
7) 경향잡지, 14.

• 교황 베네딕트 9세(A.D. 1033~1045) - 대낮에 살인과 간통을 자행했고, 순례자들을 강탈하다가 추방당했다.
• 교황 이노센트 3세(A.D. 1160~1216) - 종교재판소를 창설해 성경대로 믿는 그리스도인들 100만 명 이상 살해했다.
• 교황 요한 23세(A.D. 1410~1415) - 주교와 사제로 구성된 37명의 증인에 의해 음행, 간통, 근친상간, 남색, 성직매매, 도둑질, 살인죄로 고소당했고, 300명의 수녀들을 겁탈하였다. 바티칸 기록에 의하면 그는 자기 형제의 아내와 변태 성행위를 자행하였고, 수백 명의 처녀들과 성관계를 가졌고, 결혼한 여자들과 간음을 행함으로써 공개적으로 악마의 화신이라고 불린다.
• 교황 피오 2세(A.D. 1458~1464) - 육욕에 빠지는 방법을 가르쳤고, 많은 사생아의 아버지였다.
• 교황 바오로 2세(A.D. 1464~1484) - 비싸고 호화로운 왕관을 쓰고, 궁전에 많은 첩을 두었다.
• 교황 식스투스 4세(A.D. 1471~1484) - 교회 직분을 경매로 팔아 전쟁자금을 충당했고, 친척들에게 거부한 돈을 나누어 주었으며, 어린 조카 8명을 추기경으로 임명하였고, 사치스럽고 화려한 잔치를 종종 열었다.
• 교황 이노센트 8세(A.D. 1484~1492) - 여러 여인과 성관계를 통해 16명의 자녀를 두었고, 자녀 중 몇 명은 바티칸에서 결혼식을 거행하였고, 교회 직분을 늘려 돈을 받고 팔았고, 성 베드로 광장에서 투우 경기를 벌였다.
• 교황 알렉산더 6세(A.D. 1492~1503) - 추기경을 뇌물로 매수해 교황직에 선출되었고, 품행이 나쁜 자기 젊은 아들을 발렌시아의 대주교로 앉혔으며, 자기의 두 누이와 근친상간하고, 자기의 딸 루크레티아에게서 자녀를 두었다.
• 교황 레오 10세(A.D. 1513~1521) - 8세에 수도원장이 되고, 13세에 추기경이 되었다. 값비싼 유흥과 연회를 통해 술 마시고 흥청망청 놀았으며, 교황의 궁전에서 12명의 벌거벗은 소녀에게 저녁 시중을 들게 했다.
• 교황 바오로 3세(A.D. 1534~1549) - 전에 추기경으로 있을 때 자녀를 두었고, 십대의 어린 조카 두 명을 추기경으로 임명하였고, 가수와 무희와 어릿광대를 동원해 축제를 후원했고, 점성가를 불러 조언을 구했다.

이런 상황들은 자연히 로마 천주교회를 놀라게 하였다. 교황권은 이런 상황들에 익숙해 있지 않았다. 그러므로 유럽을 휩쓸고 있었던 종교개혁의 빠른 확산에 대항하기 위하여 새로운 계책이 고안되어야 하였다.

이 새로운 계책의 발전을 이해하기 위해서는 14세기의 사건들을 살펴보아야만 한다. 그때에는 사방에 종교적인 투쟁이 있었다. 새로운 교황, 얼반 6세가 프랑스의 아비뇽에서 7년 동안의 망명생활을 마치고 교황의 위치를 회복하여 로마로 돌아왔다. 그러나 추기경들 중 많은 이들이 얼반의 완고한 통치에 반란을 일으켰다. 그들은 아비뇽으로 되돌아가서 제네바의 주교인 켄바레이의 로버트를 교황 크레멘트 7세로 추대했다. 이리하여 그 당시에 두 교황이 존재하게 되었다. 그때가 1378년이었다. 그후 31년 동안 로마와 아비뇽에서 서로 자기들의 교황이 절대무오하며, 베드로의 계승자이고, 그리스도의 대리자라고 주장하며 상대방의 교황이 적그리스도라고 선언하였다.

영국 루터월트 교구의 목사이며 유력한 성직자인 존 위클리프는 그들 서로의 주장에 동의하였다.

"사단은 더 이상 한 교황 안에서 군림하지 못한다. 그러나 이제 두 명의 교황 안에서 역사하므로 사람들이 더 쉽게 그리스도의 이름으로 그들을 이길 수 있게 되었다. 이제 적그리스도는 나누어졌고, 한 교황이 다른 교황을 대항하여 싸우고 있다." 8)

교황권의 과세에 반대한다는 이유 때문에 위클리프는 위험에 처할 뻔하였지만 그의 친구들과 영국 왕가와의 특별한 친분으로 위험에서 벗어날 수 있었다.

그러나 40여 년 후, 보헤미아의 위대한 개혁자인 존 후스와 프라하의 제롬은 교황권에 대항하다가 결국 화형을 당하였다. 그들은 위클리프에게 아주 큰 영향을 받았다. 교황권이 적그리스도라는 사실

---

8) Emma H. Adams, John Wycliffe, Pacific Publishing Association, Oakland, 1890.

의 입증은 종교개혁의 변함없는 주제가 되었다. 마틴 루터는 교황 개인에 한한 것이 아니라 교황권 전체가 적그리스도라고 믿었다. 츠빙글리, 칼빈, 녹스, 그리고 다른 종교개혁자들도 마틴 루터와 같은 의견을 가지고 있었다.

다음은 몇몇 종교개혁자들의 언급이다. 그들의 의견들은 놀라울 정도로 일치한다.

적그리스도에 대한 종교개혁자들의 입장

1) 마틴 루터 - "바울이 데살로니가후서 2장 4절에 '하나님이나 숭배함을 받는 자 위에 뛰어나 자존하여 하나님 성전에 앉아 자기를 보여 하나님이라 하느니라' 고 기록하였던 그 존재가 여기에 있다. 적그리스도인 '불법의 사람 곧 멸망의 아들' 이 있는데, 그는 하나님의 법을 폐지하였으며, 하나님의 계명 위에 자신이 만든 계명을 높였다. 우리는 여기서 교황권이 진짜 적그리스도의 권좌에 앉아 있다는 사실을 확신하는 바이다." 9)

2) 요한 칼빈 - "나는 교황이 그리스도의 대리자 됨을 부인한다……그는 적그리스도이다. 나는 그가 교회의 머리 됨을 부인한다." 10)

3) 요한 녹스 - "수세대에 걸쳐서 교회 위에 군림해 온 교황권이 바로 바울이 말한 적그리스도요 멸망의 아들이다." 11)

4) 필립 멜란히톤 - "로마 교황권이 거대한 조직과 왕국을 가지고 있는 적그리스도라는 사실은 전혀 의심할 여지가 없는 명백한 진리이다……데살로니가후서 2장 4절에서, 바울은 죄의 사람이 자신을 하나님보다 높임으로써 교회를 지배하게 될 것이라고 분명하게 말하였다." 12)

---

9) LeRoy Froom, The Prophetic Faith of Our Fathers, Volume 2, p. 281.
10) John Calvin Tracts, Volume 1, pp. 219, 220.
11) The Zurich Letters, p. 199.
12) LeRoy Froom, The Prophetic Faith of Our Fathers, Volume 2, pp. 296-299.

5) 이삭 뉴턴 경 – "교황권은 나머지 열 뿔과는 다른 종류의 왕국이었다……로마 교회는 선지자 노릇을 하였으며, 동시에 왕이었다." 13)

6) 요한 웨슬리 – "로마 교황권이 바로 죄의 사람이라는 사실을 강조하는 바이다." 14)

7) 사무엘 리(17세기의 유명한 성직자) – "로마 교황권이 적그리스도라는 사실은 영국에 있는 모든 주요 교단들 사이에서 공통적으로 받아들여지고 있는 가르침이다." 15)

장로교회에서도 채택되었던, 영국교회의 'Westminster Confession of Faith'에서 인용한 다음의 내용은 참으로 중요한 자료이다.

"예수 그리스도 외에 다른 사람이 교회의 머리가 될 수 없다. 특히 로마의 교황은 어떤 면에서든지 교회의 머리가 될 수 없다. 교황은 바로 그 불법의 사람이고 멸망의 아들로서 범사에 일컫는 하나님과 예수 그리스도 위에 자기 자신을 높이는 적그리스도이다." 16)

스위스의 헬베트 회의에서 교황권이 바로 성경에서 예언된 적그리스도라고 언급하였다. 스말칼드(Smalcald) 조항에 있는 루터 교회의 성명서에 교황은 자신을 스스로 높이고 그리스도를 대적하는 바로 그 적그리스도라고 언급하고 있다. 1680년의 '뉴 잉글랜드 신앙의 고백'은 교회의 머리는 예수 그리스도이시지, 멸망의 아들이며 적그리스도인 로마의 교황이 아니라고 말한다. "교황권을 적그리스도와 동일시하는 것은 종교개혁의 중심을 이루는 사상이었다. 이러한 견해는 루터와 다른 종교개혁자들에게 교황권에 대항할 수 있게 하였던 큰 원동력이 되었다." 17)

---

13) Sir Isaac Newton, Observations of the Prophecies, p. 75.
14) John Wesley, Antichrist and His Ten Kingdoms, p. 110.
15) Samuel Lee, The Cutting Off of Antichrist, p. 1.
16) The Westminster Confession of Fatih, Section 6, Chapter 24.
17) Encyclopedia Brittanica, 1962 edition, Volume 6, p. 61.

40. 마리아 숭배는 어떤가요?

― 또 하나 논란이 되는 것이 마리아 숭배잖아요?
― 이것도 심각한 오류 중의 하나죠. 천주교는 마리아가 원죄 없이 잉태했고, 죽을 때 몸과 영혼이 하늘로 승천했다고 합니다. 마리아는 모든 사람의 어머니이자 여왕이고, 하늘의 문이며, 그를 통해서 용서받는다고 합니다. 자녀를 7명 이상 가진 마리아가 평생 처녀인 동정녀로 살았다고 합니다. 또한 마리아를 통해서 예수님과 하나님께 나아갈 수 있다고 합니다. 이는 인간에 불과한 마리아를 예수님의 자리에 앉힌, 성경에 전혀 근거가 없는 교리입니다.
― 그러면 왜 마리아를 그렇게 우상시했죠?
― 진정한 기독교는 오직 예수 그리스도만을 통해서 구원받을 수 있으며, 마리아에 대한 숭배는 이방 종교의 여신숭배사상에서 유래된 것입니다. 가톨릭은 사단 숭배 국가였던 바벨론 종교의 우상과 풍습을 그대로 수입했습니다. 메소포타미아 지역의 바벨론은 성경 (창 10:8~9)에 나오는 니므롯이라는 강력한 사냥꾼에 의해서 건설되었습니다. 니므롯이란 이름은 '그가 반역했다'라는 뜻을 가지고 있고 대대로 하나님을 대적하는 인물이 됩니다. 니므롯은 아내 세미라미스와 아들 담무스를 두고 있었고, 온갖 악행과 사단 숭배를 자행하였습니다. 니므롯이 죽었을 때 그의 몸은 여러 조각으로 잘려져 여러 지역으로 보내졌습니다. 그의 아내 세미라미스는 니므롯이 태양신이 되었고, 아들 담무스로 환생하였다고 주장했습니다. 니므롯이 태양신이 되었기 때문에 불과 촛불이 그를 기념하기 위해 사용되었습니다. 니므롯을 나타내는 다른 상징물로는 태양, 물고기,

나무, 기둥 등이 있습니다. 또한 세미라미스는 담무스가 초자연적인 힘에 의해 잉태된 구원자라고 했고, 자신도 경배의 대상이 되었습니다. 바벨론 지역에 흔히 있는 모자상(母子像)은 여신 세미라미스가 자기 아들 담무스를 안고 있는 모습입니다. A.D. 313년 로마 교회가 국교화되면서 이방 종교가 금지되었으므로 이교도들은 그들의 여신숭배사상을 교회 내에 가져왔고, 로마 교회는 교세 확장을 위해 이를 용인하였습니다.

— 도대체 왜 마리아가 우상시되었죠?
— 이교도 신자들을 끌어들이기 위해서죠!
— 그렇군요!
— 점차 이교도들의 여신 숭배는 마리아 숭배로 옮아 가게 되었습니다. A.D. 431년 에베소 공회에서는 마리아 숭배를 가톨릭의 공식 교리로 채택하였습니다. 에베소는 고대로부터 처녀와 어미의 여신 다이아나를 숭배하던 도시였습니다. 사도들이 복음을 전파할 때 에베소 거민들은 스스로 여신 우상을 파괴하기도 하였습니다(행 19:24~27). 가톨릭에서는 마리아가 우리를 대신해 하나님께 기도해 주는 중보자라고 하나, 그 역할은 예수님의 역할입니다.[18] 우리가 잘못했을 때 하나님께 우리를 변호해 주실 분은 오직 예수님밖에 없습니다"(눅 1:46~47). 하나님과 나 사이의 중재자는 오직 예수 그리스도밖에 없습니다. 마리아는 예수님이 이 세상에 오시기 위해 잠시 몸을 빌린 사람일 뿐입니다. 단순한 사람이 신의 역할을 대신할 수 없고, 마리아 자신도 예수님을 나의 구원자라고 했습니

---

[18] "나의 어린 자녀들아, 내가 이것을 너희에게 쓰는 것은 너희로 하여금 범죄하지 아니하게 하려 함이라. 만일 누가 범죄하여도 우리에게 아버지와 함께 계신 변호자가 계시니, 곧 의로우신 분 예수 그리스도시라"(요일 2:1). "이는 한 하나님이 계시고, 하나님과 사람들 사이에 한 중재자(Mediator)가 계시기 때문이니 곧 사람이신 그리스도 예수님이시니라"(딤전 2:5). "마리아가 이르되, 내 혼이 주를 드높이고, 내 영이 하나님 곧 내 구원자를 기뻐하였느니"(눅 1:46~47).

다. 가톨릭은 마리아를 영원한 동정녀라고 해서 평생 처녀로 지냈다고 합니다. 그러나 성경에는 예수님의 4형제 야고보, 요셉, 시몬, 유다의 이름이 기록되어 있습니다(마 13:55). 또한 예수님은 누이들도 있습니다(마 13:56). 권세가 하늘에 닿는 가톨릭은 이와 같이 성경에 정면으로 위배되는 교리도 거리낌 없이 추가합니다. 가톨릭은 마리아가 원죄 없이 예수님을 잉태했다고 하고, 평생 죄를 짓지 않았다고 합니다. 이것이 1854년 교황 피오 9세가 선언한 마리아의 무염시태 교리입니다. 그러나 성경은 분명히 하나님 앞에 모든 인간은 죄인이며 의인은 한 명도 없다고 명시합니다(롬 3:10~11).

― 그렇다면 천주교는 성경에 전혀 근거 없는 교리를 필요에 따라 잘도 만들어 내는군요?

― 가톨릭은 마리아가 죽지 않고 하늘로 승천해 하늘 여왕이 됐다고 가르칩니다. 몽소승천 교리는 A.D. 1950년 교황 피오 12세에 의해 선언되었습니다. 그러나 성경은 하늘에 있는 사람의 아들 외에는 하늘에 올라간 자가 없다고 명시합니다(요 3:13). 천주교의 마리아 숭배는 고대 이교도들의 여신 숭배와 다를 바가 없죠.

▶ 잠깐만! 이것만은 알아두세요!

마리아 숭배

바벨론 풍습은 세계 곳곳에 퍼져 나가 여러 곳에서 모자상이 발견된다. 중국 사람들은 아기를 팔에 안은 여신을 '싱무', 즉 '거룩한 어머니'라고 부른다. 독일 사람들은 팔로 아기를 안은 처녀 '헤르타'를 숭배했다. 인도에서도 크리쉬나 아기를 안은 어미 데바키를 숭배했다. 이집트의 여신 이시스는 이집트 최고의 신 호루스를 안고 있다. 이스라엘 민족도 이방의 여신을 숭배해 예레미야서를 보면 하늘 여왕에게 분향했다고 나온다(렘 44:17~19).

묵주기도

천주교는 로사리오라고 불리는 묵주를 기도할 때 사용한다. 그런데 이 묵주는 불교에서 쓰는 염주와 다를 바가 없고, 고대로부터 이교도들이 사용하던 기구이다. 수세기 동안 이슬람 교도들은 염주를 사용해 알라 신에게 기도했다. B.C. 800년경 페니키아 사람들은 원형의 염주를 이용해 여신 아프로디테를 숭배했다.

41. 종교개혁과 면죄부

― 그러면 종교 개혁은 이러한 가톨릭의 변질에 반기를 든 것으로 볼 수 있겠군요?

― 그렇습니다. 유물과 교회직책, 면죄부를 파는 일은 중세의 로마 가톨릭의 큰 사업이었습니다. 교황 보니파스 8세는 A.D. 1300년을 희년으로 선포하였고, 성 베드로 성당까지 순례를 하는 사람에게 면죄를 허가했습니다. 그 해에 2백만 명이 로마로 몰려들었고, 성 베드로의 무덤이라는 곳에서 두 사제는 돈을 갈퀴로 긁어 모았습니다. 교황은 이렇게 모은 돈을 친척들에게 나누어 주었고, 많은 성과 저택을 구입함으로써 로마 사람들을 분노케 했습니다. 중세에 로마 가톨릭은 많은 도시와 땅을 소유했고, 교회에 강제적으로 세금을 납부하게 함으로써 엄청난 부를 축적했습니다. 가톨릭이 이에 만족하지 않고 연옥의 고통을 면하게 해준다는 면죄부를 팔기 시작했습니다. 중세에 면죄부를 파는 사람들은 이곳저곳을 여행하며 자신의 육적 쾌락을 위해 죄를 용서하는 문서를 팔았습니다. 마틴 루터 당시에는 성 베드로 성당을 건축했기 때문에 교황은 돈을 모으기 위해 더욱 면죄부 판매에 열중했습니다.[19] 면죄부를 파는 사람은 도시를 방문해 교황의 공식 인가서와 교황의 깃발을 내걸면, 모든 계층의 사람들이 면죄부를 사기 위해 줄을 섰고, 긁어 모은 돈은 큰 쇠금고에 넣었습니다. 부자들은 별 무리가 없었지만, 가난한 사람들은 조상과 자신의 죄를 용서받기 위해 모든 것을 희생해야

---

19) 돈궤에는 다음과 같은 말이 쓰여 있었습니다. "돈이 상자 속에서 소리를 내며 떨어지는 순간 고통당하는 영혼은 연옥에서 구원받습니다."

했습니다. 이에 루터는 면죄부를 비롯한 가톨릭의 모순을 지적한 95개 조항을 캐슬 교회 문에 못 박았습니다. 가톨릭 신학 박사이자 교수였던 루터는 면죄부와 면제부를 파는 행위를 다음과 같이 강력히 비판했습니다. "면죄부는 경건한 사기다. 면죄부는 하나님의 공의 앞에 아무 효력을 주지 못한다." 면죄부가 엉터리라는 가장 큰 증거는 천국과 지옥의 중간이라는 연옥이라는 영계 자체가 없다는 점입니다. 그런데도 가톨릭은 아직까지도 돈을 받고 죽은 자를 위해 기도해 주고 있습니다.

— 지금은 그렇게 하고 있지 않잖아요?
— 지금은 다른 방법으로 바뀌었죠. 그게 고해성사입니다.

42. 기독교 박해와 종교재판

― 종교 개혁을 왜 방해했죠? 교회를 위해서 좋은 일이었을 텐데요?

― 중세시대에 가톨릭의 타락과 모순에 대항하여 루터와 칼빈을 비롯한 많은 성경대로 믿는 그리스도인이 가톨릭에 의해 이단자로 정죄되어 참혹한 고문과 희생을 당했습니다. A.D. 1252년 교황 이노센트 4세는 '박멸에 관하여'라는 교서를 내려 가톨릭과 가톨릭의 영향권에 있는 권력자들이 함께 이단자를 고문하고 화형할 것을 지시했습니다. 고문대를 사용하여 손과 발을 묶고, 밧줄을 감아 사지를 잡아 당겨, 사지가 떨어져 나가면서 극심한 고통을 느끼게 하는 고문을 했습니다. 또 '철갑처녀'로 알려진 고문기구는 속이 비어 있는데, 안에 칼들을 꽂아 안에 갇힌 사람이 꼼짝없이 칼에 둘러싸여 온몸이 베임을 당하게 하는 것이었습니다.

― 끔찍하군요!

― 그들은 집게로 손톱을 뽑아냈고, 남녀 성기를 불로 지져댔으며, 큰 롤러에 송곳을 달고 개신교도를 위에서 굴렸으며, 고문기구로 손마디와 다리와 발가락을 뭉갰습니다. 또한 희생자의 옷을 벗긴 뒤 줄로 팔을 등 뒤로 묶었고, 도르래를 사용하여 몸을 공중에 매달았다가 갑자기 떨어뜨려 신체 부위의 관절이 떨어져 나가게 했

습니다. 로마 가톨릭의 가르침을 거절하는 사람에게는 귀와 입에 끓는 납을 부어 넣었고, 눈을 빼거나 살점이 튀도록 채찍질을 하거나, 긴 못이 박힌 낭떠러지에 던져 넣었습니다. 종교재판소에서 고문당한 사람은 밤에 벽의 쇠사슬에 묶였고, 피로 가득 찬 고문실에 살고 있는 쥐와 해충의 먹이가 되어 죽어갔습니다. 종교재판은 점점 대량학살로 이어졌는데, A.D. 1209년 베지에르라는 도시에서는 6천 명이 칼로 살육당했고, A.D. 1211년 라바우어에서는 10만 명의 성경대로 믿는 사람들이 학살당했습니다. 메린돌 대학살에는 5백 명의 여인들이 창고에 갇힌 채 불어 타 죽었고, A.D. 1562년 오렌지 대학살에서는 교황 피오 4세가 이탈리아 군대를 보내 남녀노소를 가리지 않고 잔혹하게 살해했습니다. 그뿐 아니라 A.D. 1572년경에는 만 명이 넘는 사람들이 대학살을 당하기도 했죠.

― 그러면 로마 가톨릭 교회에서 말하는 이단자는 누구인가요?

― 뮤럴은 "이단자란 가톨릭 교회가 하나님께서 계시하신 것으로 가르치는 특정한 진리를 분명히 알면서도 이를 고집스레 반대하고, 자기가 원하는 대로 믿을 것과 안 믿을 것을 택할 수 있다고 생각하는 사람으로 그리스도교 신앙을 선언하는 영세 받은 신자이다"[20]라고 했습니다. 이렇게 독선적(獨善的)으로 규정된 이단의 개념에 따라, 이단자로 정죄되면 행정을 맡은 시장이나 당국자들은 닷새 이내에 그를 나무에 달아 불태워 죽여야 하며, 만약 당국자가 이를 지시대로 이행하지 않으면 그도 파문에 처해지고 이단자로 취급된다고 선언하기도 했습니다.[21]

― 그러한 제도 아래서 참 많은 사람들이 고통과 죽임을 당했겠군요?

---

20) M. 뮤럴, 카톨릭 교회의 전통적 해설, 4권 1885년판, p. 170, cited by A. J. Weaner, 성서 기초교리, p. 148.
21) 가톨릭 백과사전, "종교재판소" 8권, p. 34; 성서 기초교리, p. 148.

― 스페인에서만도 종교재판에 의하여 고난당한 사람들을 보면, 산 채로 화형당한 사람이 31,912명으로 헤아려졌고, 소위 복종하도록 강요받은 참회자가 291,450명으로 계산되었습니다. 알비젠스인(Albigenses)들의 대학살에서는 100만 명이 죽임을 당했습니다. 교황 이노센트 3세가 1208년 알비젠스와 왈덴스인 박멸을 위해 일으킨 십자군 당시 제수이트(Jesuits) 제도가 처음 확립된 지 30년 동안에, 90만 명의 신실한 그리스도인들이 살해당하였습니다. 네덜란드에서는 알바 공(公, 가톨릭 신자)의 지시에 따라 36,000명이 보통 집행자들에 의해 신속히 사형에 처해졌다는데, 알바 공은 이러한 행위를 자랑했습니다. 찰스 5세의 치하에서는 5만 명의 플랑드르인들(Flanders) 지금의 벨기에 서부, 네덜란드 남서부, 프랑스 북부를 포함한 중세기 국가와 독일 사람들이 교수형과 화형을 당하고 또 산 채로 매장당했습니다.22) 세계 역사에서 가장 잔인한 살상 행위로 꼽히는 1572년 8월 24일의 바돌로매(Bartholomew) 제일(祭日)의 대학살이 바로 로마 가톨릭 교회에 의해 저질러졌음을 세상이 알고 있습니다.

― 이 모든 살상의 원인이 어디에 있었던 것입니까?

― 그들의 교권을 강화하는 데 방해가 된다고 보았기 때문이죠! 로마 교회는 이러한 대대적인 핍박의 수단으로 1179년에 라테란 종교회의에서 최초로 그들이 이단이라고 생각하는 그리스도인들을 무력으로 박멸하기 위해 십자군(十字軍)을 투입하기 시작했고, 이러한 십자군이 짓밟은 지역의 뒤처리를 위해 1229년 툴루스 종교회의(the Council of Toulouse)의 결정에 따라 악명(惡名) 높은 종교재판소(the Inquisition)를 개설하였습니다.23) 주로 도미니칸 신부[修

---

22) Guinness, Key to the Apocalypse, pp. 92-93; Albert Barnes, Notes on Daniel, p. 328.
23) Lenwick, p. 75.

道僧]들에 의해 운영된 이 종교재판소는 비밀리에 기소되고 집행되는 무서운 살인 및 고문 기구로 사람들에게 고통을 주어 개종시키거나 죽음을 선사했습니다.24) 처음에는 왈덴스인들과 알비젠스인들을 색출하여 박멸(撲滅)하기 위한 것이었는데, 종교개혁이 일어나자 1542년부터 다시 예수회(Jesuits) 신부들에 의해 운영되어 개신교 박멸에 무서운 힘을 드러냈습니다. 1400년 알프스 프라겔라(Pragela) 골짜기에 은신했던 왈덴스인들이 로마 교회가 보낸 토벌군에 의해 기습을 받아 짓밟히고 살해당한 뒤, 피하여 도망친 사람들은 엄동설한에 심산유곡(深山幽谷)에서 수도 없이 얼어 죽었습니다. 1488년 교황 이노센트 8세의 왈덴스인 박멸령에 따라, 프랑스 군대들이 알프스의 로이스(Loyse) 골짜기에 덮치자, 왈덴스인들은 굴과 동굴로 피신했으나, 입구에 불을 놓아 3천여 명이 질식해 죽기도 했습니다.25) 이 모든 죄악은 알프스에 의하여 심판날에 증언될 것입니다. 로마 교회의 이러한 핍박의 정신은 사라지지 않았습니다. 1949년 로마에 있는 예수회의 기관지(La Civilita Cattolica)는 진술을 통해, 로마 교회는 그들이 소수일 때는 종교적 자유를 옹호하지만, 그들이 압도적인 다수가 될 때에는 종교적 차별을 실천한다고 역설(力說)했습니다. 전해져 오는 역사의 증언대로, "로마 교회는 자신들이 불리한 입장에서는 양처럼 온순하고, 동등한 처지에서는 여우처럼 교활하지만, 번성하게 되면 이리처럼 사나워진다"는 말이 있지 않습니까.26)

---

24) Foxe's Book of Martyrs(London: The Protestant Truth Society, Inc.), pp. 10-15.
25) Foxe's Book of Martyrs, p. 6.
26) Rome is a lamb in adversity, a fox in equality, and a wolf in prosperity. Gane, p. 54.

43. 최초 교회의 성립

이 부분에 대해서는 성기호, 성결대 명예총장님이 답변해 주셨다.

― 그러면 교회는 언제부터 시작되었다고 해야 옳은가요?
― 구약시대에도 교회라는 말이 쓰이고는 있지만 우리가 지금 알고 또 사용하고 있는 교회와는 다릅니다. 오늘날 우리가 흔히 교회라고 부르는 공동체는 신약시대에 와서야 시작되었습니다.
― 그런데 예수님께서 베드로의 신앙고백, 즉 "주는 그리스도시요 살아 계신 하나님의 아들이시니이다"(마 16:16)라는 말을 듣고 나서 "내가 이 반석 위에 내 교회를 세우리니"라고 약속하시지 않았습니까? 그러니 그때부터 생긴 걸로 보아야 하지 않을까요?
― 예수님 당시에 교회는 존재하지 않았고 예수님께서 살아 계실 동안에도 교회가 없었습니다. 교회의 설립은 그 당시로 보아서 장래에 속하는 약속이었을 뿐입니다. 교회는 예수님께서 승천하신 지 10일이 되는 날, 즉 부활하신 날로부터 50일이 되는 오순절 날에 시작되었습니다. 제자들은 승천하시는 예수님의 마지막 분부를 따라 예루살렘에 있는 마가 요한의 어머니인 마리아의 다락방에 모여 열심히 기도하며 약속하신 성령의 강림을 기다렸습니다. "예루살렘을 떠나지 말고 내게 들은 바 아버지의 약속하신 것을 기다리라 요한은 물로 세례를 베풀었으나 너희는 몇 날이 못 되어 성령으로 세례를 받으리라"(행 1:4~5) 말씀하신 대로 다락방에 모여 기도하던 120명의 성도들이 오순절날에 성령의 충만을 받아 한 몸이 됨으로 교회가 시작되었던 것입니다. 한 분 주님을 믿는 같은 믿음을 가진

성도들이 한 성령으로 세례를 받아 한 몸을 이루었으니 곧 그리스도의 몸인 교회가 설립된 것입니다(엡 4:3~5). 예루살렘에서 시작된 교회가 모체가 되어 각지에 교회가 세워졌습니다. 교회가 존재하는 지역이 다르고 혹 교파가 다르다 할지라도 한 성령을 받아 그리스도의 몸을 이루는 성도들은 인종이나 신분에 관계없이 한 몸이 되고 그 몸의 지체가 되는 것입니다.

― 그럼 교회는 하나라는 말이군요?

― 그렇죠. 이 세상 어디에 있든지 모든 교회는 그리스도 안에서 하나입니다. 십자가의 도를 믿는다면 말입니다.

― 그러면 교회는 모두 죄에서 자유한 사람들의 모임이라는 뜻이군요?

― 물론입니다. 하지만 예외는 있습니다. 신앙을 고백하지 않거나 성령이 내주하지 않는 사람들은 아직은 아니죠! 하지만 옳은 신앙을 고백했다면 교회는 그리스도의 신부(新婦)입니다(요 3:29; 계 19:7). 예수님께서 다시 오실 때 교회는 신랑 되신 그리스도와 결합하게 될 것입니다. 교회가 정결한 처녀와 같이 순수해야 하고(고후 11:2), 그리스도를 향해 진정한 사랑을 고백하며 헌신하고 복종할 이유가 여기에 있습니다(엡 5:26~27).

― 그러면 진정한 교인을 어떻게 구분하죠?

― 우리가 흔히 교회라고 부르는 것은 눈에 보이는 교회인데 이 교회를 유형 교회라 합니다. 각 지역별로 교회들이 세워지고 이러한 교회들이 장로교, 감리교, 성결교 등의 교파를 구성합니다. 이러한 교회를 지역교회, 개교회(個教會), 또는 지교회(支教會)라고도 부릅니다. 지역교회에는 속해 있으나 거듭나 그리스도에게 접붙임을 받지 못한 교인들은 진정한 교회인 무형 교회의 일원이 아닐 수도

있다는 말입니다. 신앙고백을 할 때 '거룩한 공회'를 믿는다고 고백만 할 것이 아니라 신앙고백자 스스로가 그리스도를 머리로 하는 이 영적 유기체의 일원인 것을 확인해야 할 것입니다.

▶ 잠깐만! 이것만은 알아두세요!

교회의 구성원

바울 사도는 "몸은 하나인데 많은 지체가 있고 몸의 지체가 많으나 한 몸임과 같이 그리스도도 그러하니라 우리가 유대인이나 헬라인이나 종이나 자유자나 다 한 성령으로 세례를 받아 한 몸이 되었고 또 다 한 성령을 마시게 하셨느니라"(고전 12:12~13)고 하며 예루살렘 교회가 시작될 때와 마찬가지로 한 성령을 받은 성도들은 그리스도의 몸을 구성하는 지체가 됨을 말씀하고 있다.

교회를 그리스도의 몸이라고 부를 때 예수님은 교회의 머리가 되신다(엡 1:23; 골 1:18). 따라서 교회는 머리 되신 그리스도의 뜻에 따라 운영되어야 한다. 예수님은 교회의 터이시며(고전 3:11) 친히 모퉁잇돌이 되신다(행 4:11; 엡 2:20).

하나의 터 위에 세워진 교회는 하나이다. 몸에 지체는 많아도 그 몸은 하나인 것같이 그리스도를 머리로 하는 하나의 교회를 우리는 '우주적 교회'라고 부른다. 다른 말로는 '보편적 교회'라고 하는데 이 교회는 시간과 공간을 초월하는 거룩한 하나의 공회(公會)이다.

이 우주적 교회에는 2천 년 전에 그리스도를 향해 신앙을 고백했던 신자들이나, 지금 살아서 예수를 믿는 신자들이 꼭 같은 자격으로 지체를 이루고 있다. 어느 지역에 있든지, 어떤 종족이 모였든지 우리가 사도신경을 외울 때 고백하듯이 진정한 교회는 예수를 그리스도로 고백하고 한 성령을 받은 성도들은 하나의 영적 유기체를 구성한다.

이 영적인 교회는 사람들의 눈에 보이지 않는 교회이다. 그래서 우주적 교회를 다른 말로는 무형 교회라고도 부른다. 이 교회 안에 성령이 와 거하시기 때문에 교회를 성령의 전(殿)이라고도 부른다(고전 3:16). 산 돌 같은 신자들이 연합하여 주 안에서 성전이 되어 가고 이 신령한 집을 하나님께서 거처로 삼으시니 교회는 하나님의 신령한 집이 된다(벧전 2:5).

44. 천국이냐, 하나님 나라냐?

― 성경을 보면 하나님 나라라는 말과 천국이 나옵니다. 이 둘은 같은 뜻인가요?

― 같은 뜻입니다. 그런데 전달하는 사람이 듣는 사람의 입장을 고려해서 그렇게 표현한 것입니다. 대통령 노무현의 말을 옮기는 데 중요한 것은 대통령이 어떤 말씀을 하셨느냐는 것입니다. 마찬가지로 성경신학에 따르면 사복음서 중에서도 특히 예수 그리스도께서 직접적으로 하셨던 말씀들, 즉 예수 그리스도의 직접적인 발언들이 중요합니다. 이것을 대변인, 국정홍보처, 춘추관 발표, 기자회견 등과 같이 각각 다른 곳에서 대상을 다르게 해서 전했습니다. 하지만 말씀은 한 가지입니다.

― 그러면 사복음서는 같은 내용을 다르게 전했다는 것이군요?

― 맞습니다. 세 사람의 사도들과 다른 한 사람 누가(이 사람은 속사도)가 기록한 것입니다. 신학과목 중 이들 사복음서에서 예수님의 말씀만을 찾아 비교 연구하는 분야가 신약신학 1입니다. 만약 제자들이 전하는 이 문서 중에 예수님의 발언을 사이에 두고 모순이 발생한다면 당연히 기독교는 무너집니다.

― 왜 무너진다는 이야기죠?

― 원래 성서비평학이라는 분야가 기독교를 공격하기 위해 생겨난 학문입니다. 그래서 사복음서를 주도면밀하게 살펴서 이 성경에서 한 말씀과 저 성경에서 한 말씀이 다르면 꼬투리를 잡아 기독교의 신뢰성에 흠집을 내려고 하는 것이 목적이었단 말이지요!

― 그러면 그러한 모순점을 찾았습니까?

― 초기에는 많은 모순점을 발견하고 기독교를 신랄히 비판했습니다. 하지만 시간이 지날수록 그것은 모순이 아니라 차이라는 것을 발견하게 되었지요! 그 중의 하나가 '하늘나라(천국 = The Kingdom of Heaven)'라는 말과 '하나님(신)의 나라(The Kingdom of God)'라는 말이 다르다는 문제였습니다. 하지만 시간이 지나면서 그것은 예수님이 말씀하시고자 했던 '영원한 나라'라는 것에 동의를 하였습니다.

― 그것을 어떻게 증명할 수 있죠?

― 예수님이 하셨던 말씀들을 일목요연하게 정리한다는 것은 불가능하지만 성경 사복음서를 읽다 보면 대략 다음과 같은 결론을 얻을 수 있습니다. 예수께서 공생애를 시작하실 때 가장 먼저 하셨던 말씀이 "천국이 가까웠다"는 말씀이었습니다. 물론 마태와 누가는 천국과 하나님 나라라고 했습니다.

― 왜 그렇게 다르게 불렀을까요?

― 유대인들은 하나님의 이름을 직접적으로 언급하지 않는 관습이 있기 때문에 천국이라고 썼을 것이고, 헬라인들은 나라란 어디까지나 '왕'의 것이므로 '왕의 나라'란 의미로 '하나님의 나라'라고 썼을 것이기 때문입니다.

― 하나님 나라와 예수님이 어떤 관계가 있다는 것이죠?

― 예수 그리스도께서 자신의 공생애와 더불어 하나님의 나라를 선포하신 것은 한마디로 말해 예수 그리스도께서 오신 것과 하시는 일이 '하나님 나라의 임함'과 관계가 있다는 것입니다. 즉 예수 그리스도께서 하나님 나라를 오게 하는 중요한 모티브가 된다는 것을 알리신 것입니다. 그래서 우리는 성경 66권이 하나님 나라의 도래와 완성을 이야기하고 있다는 확실한 결론을 얻게 되는 것입니다.

유대인들에게 있어 예수 그리스도의 선포가 파격적이었던 것은 예수님 자신이 그 하나님의 나라를 가지고 오는 자라고 말씀하셨기 때문입니다. 갈릴리의 일개 미천한 자가 메시아라는 사실도 믿기 힘들었지만 더욱이 예수 그리스도의 행적 자체가 그들이 바라고 있는 그런 모습이 아니었기 때문입니다. 우리는 세례 요한의 언급에서도 살펴볼 수 있는 것처럼 그분은 '불과 칼로써 자기의 타작 마당을 깨끗하게 할' 그런 능력 있는 분이어야 했기 때문입니다. 그러나 예수님이 끝까지 보여 주신 것은 순종과 포기와 온유, 그리고 이 세상의 삶의 원칙과는 정반대되는 비폭력, 무저항뿐이었습니다. 그래서 그들은 그들의 기대에 어긋나는 메시아를 '신성모독죄'를 걸어 처형했던 것입니다.

— 그런 예수님이 어떻게 이 세상에 하나님 나라를 가져오시는가 궁금합니다!

— 그래서 이것을 깨닫는 것이 신학의 과제요, 설교의 내용이며, 곧 복음인 것입니다.

▶ 잠깐만! 이것만은 알아두세요!

하나님의 나라

'천국(The Kingdom of Heaven)' 이라고 하든지[27] '하나님의 나라 (The Kingdom of God)' 라고 하든지[28] 간에 그것은 모두 하나님의 나라라는 한 가지의 뜻을 가지는 것은 자명하다. 왜냐하면 사도 마태는 유대인 독자들을 위하여 그들에게 친숙한 개념을 썼고, 누가는 로마적 사고방식에 가까운 '하나님의 나라' 라는 단어를 썼을 뿐이기 때문이다.

---

[27] 마 4:17, 5:3, 10, 12, 16, 48, 6:1, 9, 20.
[28] 눅 6:20, 8:1, 10, 9:2, 27, 10:9.

45. 그때에 이루어질 성령 강림
- 몇 가지 더 알아야 할 진리

하나님은 창세기 6장 3절에 언급하신 대로 성령을 이 땅에서 거두어 가셨다. 성령을 거두어 가신 이유가 무엇일까? 인간이 육체의 소욕을 따라 행하며 성령을 소멸하였기 때문이다. 그래서 하나님은 "나의 신이 영원히 사람과 함께하지 않으리라"고 말씀하신 것이다. 그런데 성경을 보면 이제 다시 성령을 만민에게 부어 주시는 때가 오겠다고 하는 것이다. 그 약속이 요엘서에 기록되어 있다.

"그 후에 내가 내 신을 만민에게 부어 주리니 너희 자녀들이 장래 일을 말할 것이며 너희 늙은이는 꿈을 꾸며 너희 젊은이는 이상을 볼 것이며 그때에 내가 또 내 신으로 남종과 여종에게 부어 줄 것이며 내가 이적을 하늘과 땅에 베풀리니 곧 피와 불과 연기 기둥이라"(욜 2:28~30).

이것이 하나님의 약속이었다. 그런데 그 약속에 시간이 정해져 있다. 28절의 "그후에"와 29절의 "그때에"라고 언급된 시간은 호세아 3장 5절에도 언급되는 말이다. 그것은 말일이라는 의미이다. 그것은 대환란 다음에 뒤따르는 메시아 시대를 의미한다. 이것을 오순절 성령 강림 사건 때에 사도 베드로가 인용한다.

이것이 제자들의 신학이었다. 오순절 성령 강림 사건이 바로 선지자 요엘이 말하였던 '그때'요, 또 예수께서 말씀하셨던 '그때'라는 것이다. 바로 그때가 이르렀기 때문에 성령께서 약속대로 모든 사람에게 물 붓듯이 부어지기 위하여 강림하셨다는 것이다.

성령 강림의 이 엄청난 축복이 바로 예수 그리스도의 수난 사건 이후에 이어졌다. 그렇다면 예수 그리스도의 십자가 죽음은 성령께서 모든 육체들에게 임하게 되는 합법적인 사건이었다는 말이다. 우리는 여기서 십자가만이 성령을 임하게 하는 유일한 하나님의 방법이라는 결론을 얻게 된다.

그렇다. 십자가 없는 성령 강림은 거짓이다. 성령 강림은 십자가 사건 이후에 있는 사건이다. 그것은 누구라도 그렇다. 역사적으로든 개인적으로든 예수 그리스도의 십자가 공로를 믿고 의지할 때야 성령의 강림이 있게 된다는 것이다.

첫째는 역사적으로 예수 그리스도의 십자가 대속 사건으로 말미암아 이 시대가 성령의 시대가 되었다는 것이요, 둘째는 어느 누구라도 예수 그리스도의 십자가를 의지하여 회개하였을 때 성령이 그 고백하는 개인 속에 내주하신다는 말이다. 이것을 깨달아야 한다.

오늘 우리 주위에서 십자가 없는 성령 강림 사건을 얼마나 많이 보는가? 인간의 공로와 노력으로 성령의 충만함을 입으려는 경우가 얼마나 많은가? 그러나 기억하자. '성령 강림', '성령 충만'은 오직 십자가의 공로로 되어지는 것이라는 사실을…….

자, 이제 그러면 좀더 구체적으로 예수 그리스도의 십자가가 왜 성령 강림의 사건을 가능케 했는지 살펴보도록 하자.

사도행전 2장 14절 이하에 기록되어 있다. 오순절날에 성령 강림 사건이 일어나 저희 모든 성령 받은 사람들이 방언을 말함을 보자. 예루살렘에 오순절 예배를 드리러 왔던 수많은 순례자들이 깜짝 놀라게 된다. 베드로는 놀라는 사람을 향하여 이렇게 외쳤다.

"베드로가 열한 사도와 같이 서서 소리를 높여 가로되 유대인들과 예루살렘에 사는 모든 사람들아 이 일을 너희로 알게 할 것이니

내 말에 귀를 기울이라 때가 제삼시니 너희 생각과 같이 이 사람들이 취한 것이 아니라 이는 곧 선지자 요엘로 말씀하신 것이니 일렀으되 하나님이 가라사대 말세에 내가 내 영으로 모든 육체에게 부어 주리니 너희의 자녀들은 예언할 것이요 너희의 젊은이들은 환상을 보고 너희의 늙은이들은 꿈을 꾸리라 그때에 내가 내 영으로 내 남종과 여종들에게 부어 주리니 저희가 예언할 것이요 또 내가 위로 하늘에서는 기사와 아래로 땅에서는 징조를 베풀리니 곧 피와 불과 연기로다 주의 크고 영화로운 날이 이르기 전에 해가 변하여 어두워지고 달이 변하여 피가 되리라 누구든지 주의 이름을 부르는 자는 구원을 얻으리라 하였느니라"(행 2:14~21).

46. 천국의 위치

천국은 하나의 장소로서 묘사되어 있는 것이 성경 곳곳에서 나타난다. 예수 그리스도는 이러한 장소적 개념을 나타낸 하나님 나라에 이르는 길이며, 또한 그 문이시다. 또 그 문을 여는 열쇠이시다. 그 안은 그 아들 예수 그리스도와 함께 아버지 앞에서 가지는 잔치가 있는 곳이다.

이처럼 예수 그리스도께서는 천국을 보이셨다. 그러나 문제는 이 길은 좁고 협착하며, 이 문은 아무나 들어갈 수 없으며, 심지어 예수께서 표현하신 대로 낙타가 바늘구멍으로 들어가는 것보다 어려운 문제이다. 인간의 이성과 상식이 그것을 막고, 너무나 높은 율법의 벽이 그것을 가로막기 때문이다. 이것을 가능케 하는 방법은 세상 어디에도 없고, 또 육체를 가진 이 인간의 능력으로는 도저히 할 수 없는 것이며, 오직 하나님의 능력으로만 되는 것이다.

하나님의 능력이 무엇일까? 바로 성령님이시다. 성령의 능력과 사역으로만 되는 것이다. 사람이 거듭나는 것은 오직 성령의 능력으로만 된다는 말이다. 사도 바울도 이것을 밝혔다.

"이것이 너희 간구와 예수 그리스도의 성령의 도우심으로 내 구원에 이르게 할 줄 아는 고로"(빌 1:19).

죄와 율법으로부터의 자유, 그리고 예수 그리스도의 사역을 믿고 받아들이며 신앙이 성장하고 인격이 성장하는 것도 오직 성령의 능력으로만 되는 것이다.

"주는 영이시니 주의 영이 계신 곳에는 자유함이 있느니라 우리가 다 수건을 벗은 얼굴로 거울을 보는 것같이 주의 영광을 보매 저와 같은 형상으로 화하여 영광으로 영광에 이르니 곧 주의 영으로 말미암음이니라"(고후 3:17~18).
"너희가 만일 성령의 인도하시는 바가 되면 율법 아래 있지 아니하리라"(갈 5:18).

이처럼 성령은 예수 그리스도의 구속 사역을 각 개인에게 적용하여 개인의 구원을 이루도록 돕는 구체적이고 실제적인 사역을 하신다. 그렇게 본다면 성령이야말로 하나님 나라의 완성의 보증이 되신다는 것이다. 이것이 성령의 역할이다.

좀더 세분해 보면, 첫째, 예수 그리스도와 연합하는 세례를 받으면 죄 사함을 얻게 된다. 둘째, 죄 사함을 받으면 성령을 선물로 받게 된다. 셋째, 성령 강림 사건은 예수께서 시작하신 하나님 나라의 임함을 구체적으로 이루는 사건이며, 하나님 나라의 완성을 보장하는 하나님의 보증이시다. 결론적으로 말한다면 말처럼 성령은 예수 그리스도의 승천 선물이다.

▶ 잠깐만! 이것만은 알아두세요!

성령 강림과 하나님 나라

"예수께서 대답하여 가라사대 진실로 진실로 네게 이르노니 사람이 거듭나지 아니하면 하나님 나라를 볼 수 없느니라 니고데모가 가로되 사람이 늙으면 어떻게 날 수 있삽니이까 두 번째 모태에 들어갔다가 날 수 있삽나이까 예수께서 대답하시되 진실로 진실로 네게 이르노니 사람이 물과 성령으로 나지 아니하면 하나님 나라에 들어갈 수 없느니라 육으로 난 것은 육이요 성령으로 난 것은 영이니"(요 3:3~6).

예수께서 공생애를 시작하시면서 제일 먼저 하신 말씀은 "때가 찼고 하나님 나라가 가까웠으니 회개하고 복음을 믿으라"(막 1:15)였다. 물론 이 말씀은 자신의 성육신 사건을 두고 하신 말씀이시다. 예수 그리스도의 성육신은 하나님 나라의 현현이며, 예수 그리스도는 또한 하나님 나라의 실체이시다.

47. 성령의 법

그러면 어떻게 해서 성령께서 하나님 나라의 실제적 보증이시며, 하나님의 약속이실까? 성령은 예수 그리스도의 사역 안에서 새로운 법이 되신다. 사람 살리는 법이 되시며, 하나님의 백성을 새롭게 탄생시키는 능력이 되시며, 하나님의 나라를 완성하는 궁극적 지혜가 되시는 것이다. 이미 앞에서 공부한 바대로 치면 성령님만이 하나님 나라를 이루는 능력이 되신다. 그 성령님께서 하시는 일 중 가장 큰 일은 즉 사람을 거듭나게 살리시는 일이다.

1) 율법, 곧 정죄의 법을 이기는 법이다.

인간은 결코 율법의 의를 만족시킬 수 없다. 율법 아래서 모든 인간은 죄인으로 드러날 수밖에 없다. 그러나 성령은 율법의 의를 이기는 생명의 법이 되신다.

> "그러므로 이제 그리스도 예수 안에 있는 자에게는 결코 정죄함이 없나니 이는 그리스도 예수 안에 있는 생명의 성령의 법이 죄와 사망의 법에서 너를 해방하였음이라"(롬 8:1~2).

성자 예수의 승천 선물인 성령께서 예수 안에 거하기를 원하는 자들을 죄와 사망의 법에서 이기게 하시는 것이다.

2) 성령의 법이란 사람을 하나님께 대하여 다시 살리게 하는 능력이라는 말씀이다.

사람이 하나님께 대하여 죽은 상태에 있는 고로, 우리는 하나님께 대하여 다시 살아나야 한다. 다시 살아나지 못한다면 우리의 경건이나 선행이나 공로는 아무런 가치가 없다. 이처럼 성령은 우리를 거듭나게 하신다.

> "예수께서 대답하시되 진실로 진실로 네게 이르노니 사람이 물과 성령으로 나지 아니하면 하나님 나라에 들어갈 수 없느니라 육으로 난 것은 육이요 성령으로 난 것은 영이니"(요 3:5~6).

(3) 성령은 사람이 연약하여 할 수 없는 것을 가능케 하신다.

다시 말해, 인간의 의지나 노력, 선행이나 공로 등의 모든 좋은 것을, 인간의 연약함과 죄성 때문에 하나님의 공의와 수준에 미치지 못하는 그것을 성령님은 가능케 하실 수 있는 능력이 있다.

> "율법이 육신으로 말미암아 연약하여 할 수 없는 그것을 하나님은 하시나니 곧 죄를 인하여 자기 아들을 죄 있는 육신의 모양으로 보내어 육신에 죄를 정하사 육신을 좇지 않고 그 영을 좇아 행하는 우리에게 율법의 요구를 이루어지게 하려 하심이니라"(롬 8:3~4)

여기에서 우리가 주목해야 할 사실은 육신을 좇는 것과 영을 좇는 것의 차이이다. 육신을 좇는다는 것은 구원의 가능성을 인간 내부에서 찾는 것을 말함이요, 영을 좇는다는 것은 기록된 성경 말씀의 가르침을 받아 다시 성령의 감동하심으로 깨달아 실천하는 것을 말한다. 곧 믿음으로 행함을 말하는 것이다.

4) 성령을 좇아 행하면 신앙이 점점 자라게 된다.

사람이 거듭나면(born again) 자신이 언제 태어났는지 잘 모른다. 거듭난 것인지 여전히 영적으로 죽은 것인지 깨달을 길이 없다는 말이다. 니고데모에게 말씀하신 대로 바람이 임의로 불매 바람이 보이지 않듯이, 움직이는 나뭇가지나 잎을 보고 알듯이 성령이 역사하시는 사람의 심령에는 변화의 현상들이 나타나기 시작한다. 그리고 신앙, 즉 믿음이 자라가기 시작한다. 그래서 하나님을 '아바 아버지'라고 부르게 되는 것이다. 성령이 없는 자는 하나님을 아버지로, 나에게 축복을 주시는 분으로 찬양하지 않는다는 말이다.

> "무릇 하나님의 영으로 인도함을 받는 그들은 곧 하나님의 아들이라 너희는 다시 무서워하는 종의 영을 받지 아니하였고 양자의 영을 받았으므로 아바 아버지라 부르짖느니라" (롬 8:14~15).

5) 성령이 친히 우리 영으로 더불어 자녀 됨을 증거하신다.

그렇다. 궁극적으로는 우리의 삶 속에 하나님의 살아 계심과 우리가 그분의 자녀요 축복받은 자임을 깨닫게 하시는 믿음의 증거들이 나타나기 시작한다.

> "성령이 친히 우리 영으로 더불어 우리가 하나님의 자녀인 것을 증거하시나니 자녀이면 또한 후사 곧 하나님의 후사요 그리스도와 함께한 후사니……" (롬 8:16~17).

6) 성령은 결국 우리 죽을 몸도 살리신다.

이는 영으로써 몸의 행실을 죽일 수 있도록 성령이 도우셔서 죽을 죄밖에 짓지 않는 우리를 선을 행할 줄 아는 사람으로 변화시켜 가는 '법'이시다.

"또 그리스도께서 너희 안에 계시면 몸은 죄로 인하여 죽은 것이나 영은 의를 인하여 산 것이니라 예수를 죽은 자 가운데서 살리신 이의 영이 너희 안에 거하시면 그리스도 예수를 죽은 자 가운데서 살리신 이가 너희 안에 거하시는 그의 영으로 말미암아 너희 죽을 몸도 살리시리라"(롬 8:10~11).

7) 궁극적으로 피조세계까지도 구원하는 '법'이 되신다.

"피조물이 허무한 데 굴복하는 것은 자기 뜻이 아니요 오직 굴복게 하시는 이로 말미암음이라 그 바라는 것은 피조물도 썩어짐의 종 노릇 한 데서 해방되어 하나님의 자녀들의 영광의 자유에 이르는 것이니라"(롬 8:20~21).

48. 다윗의 언약은 무엇인가요?

— 성경에 '다윗의 언약'이라는 말을 자주 쓰던데, 무슨 뜻이죠?
— 열왕기서를 읽을 때, 흐름을 잃지 말아야 할 중요한 주제는 다윗의 후손이 하나님의 아들이 될 것(삼하 7:12~14)이라는 사실입니다. 하나님은 다윗과 언약을 세우겠다고 약속하셨습니다. 그것은 다윗의 왕위가 사울 왕처럼 끊어지는 것이 아니라 영원하겠다는 것입니다. 다윗은 하나님의 집을 건축하겠다는 선한 마음을 가졌지만, 하나님은 이것이 그에게나 하나님께 필요한 것이 아니라고 말씀하셨습니다. 오히려 하나님은 다윗에게 그의 씨(seed—후손; 삼하 7:12)가 계속되어 메시아가 올 것이라는 약속을 주십니다. 이 약속은 이미 에덴 동산에서 '여자의 후손'으로 언약하신 것입니다. 아브라함은 그 씨를 약속받았습니다. 그리고 이삭을 낳았습니다. 그런데 사람의 씨(seed of Man — 아들)는 곧 하나님의 씨(Seed of God — 내 아들; 삼하 7:14)로 연결됩니다. 어떻게 이런 일이 있을 수 있을까요? 그 대답은 다윗의 씨가 부활 안에서 하나님의 아들로 인정되심으로 이루어진 것이 신약에서 밝혀집니다(롬 1:3~4).[29]
— 다윗의 언약이 곧 예수님이시군요?
— 그렇습니다.

---

[29] 메시아의 씨를 기다리는 사상은 이스라엘이 망하고 포로로 지내던 때와 나중에 로마가 이스라엘을 지배하던 때에 더욱 구체화된다. 마태복음 1장 1절에서 마태는 예수 그리스도를 '아브라함과 다윗의 자손'으로 소개하고 있다. 또한 신약성경의 마지막인 요한계시록 22장 16절에서는 예수 그리스도께서 친히 자신을 "다윗의 뿌리요 자손이니 곧 광명한 새벽 별"이라고 하셨다. 그러므로 다윗 왕국의 역사는 실패의 역사이면서 왕국과 성전을 기다리는 예비적 역사이다. 하지만 신약에 오시는 예수 그리스도는 완전한 지도자이므로 다윗 왕국은 또한 실패를 보일 수 없다. 재림 때까지 그의 백성들을 모으고 훈련하는 종말의 왕국인 것이다. 하지만 재림 때까지는 예수의 왕국도 여전히 완성을 향해 나아가는 왕국이다.

49. 기독교의 구원공식

성경은 죄인이 구원에 이르는 길에 대해서 두 가지 가능성을 제시하고 있다. 첫째는 모든 법을 완전히 지켜 그 공로의 대가로 구원에 이르는 길이다. 둘째는 '하나님의 은혜로 인하여' 구원에 이르는 길이다. 첫 번째 방법은 '자력구원'이고, 두 번째 방법은 '타력구원'이다.

자력구원은 '자기의 의로움'으로 구원을 사는 것이고, 타력구원은 '하나님의 의로움'으로 구원을 선물로 받는 것이다. 자력구원은 전적으로 자기의 노력과 수련으로 남의 도움 없이 구원에 이르는 것이고, 타력구원은 자기 노력 없이 전적으로 하나님의 의로우심에 의존하는 것이다. 자력구원은 인간이 하나님을 찾아 올라가는 오르막길에 있고, 타력구원은 하나님이 인간을 찾아 내려오는 내리막길에 있다.

50. 자력구원과 타력구원의 차이

자력구원은 이론으로만 가능하다. 그러나 이 길은 인간의 죄로 인해서 누구도 통과할 수 없는 막힌 길이 되고 말았다고 로마서는 말한다. 바울은 로마서 1~3장에서 자력구원의 불가능성을 피력했다.

첫째, 이방인들이 여러 형태의 신들을 섬기지만, 그들의 죄 때문에 그들은 구원에 이를 수 없다.

둘째, 도덕과 윤리를 지키며 성실하게 사는 도덕군자들도 그들의 죄 때문에 구원에 도달할 수 없다.

셋째, 모세의 율법을 지키는 유대인들도 그들의 행위를 통해서는 '의롭다 하심'을 받을 수 없다.

넷째, 모든 인간은 그들의 죄 때문에 자력으로는 구원에 이를 수 없다.

이와 같이 바울은 인간들이 추구하는 구원을 위한 모든 행위들은 무용하다고 말한다. 모든 피조물은 죄인이며, 어느 누구도 자신의 죄 문제를 스스로 해결할 수 없기 때문이다.

야고보서 2장 10절에 "누구든지 온 율법을 지키다가 그 하나에 거치면 모두 범한 자가 되나니"라고 하였고, 갈라디아서 3장 10절에 "무릇 율법 행위에 속한 자들은 저주 아래 있나니 기록된 바 누구든지 율법 책에 기록된 대로 온갖 일을 항상 행하지 아니하는 자는 저주 아래 있는 자라"고 하였으며, 로마서 3장 23절에 "모든 사람이 죄를 범하였으매 하나님의 영광에 이르지 못하더니"라고 말씀한다.

새신자를 위한 자기점검표

영으로의 초대에 응하신 것을 환영합니다

이 책자는 지도와 같이, 여러분이 하나님 나라의 주인이 되는 길을 안내해 드릴 것입니다. 그러므로 신중하게 매 페이지를 잘 읽으시기 바랍니다. 당신의 현재의 영적 상태를 평가해 보고 펜으로 그 결과를 기록하시기 바랍니다.

이 책자에서 제시하는 질문에는 맞고 틀리는 답이 없습니다. 이 질문들은 당신이 보다 훌륭한 그리스도의 종이 되기 위해 준비하는 것을 돕기 위한 목적으로 작성되어 있습니다. 그러므로 질문들에 대하여 신중하게 생각하시고 솔직하게 답변하시기 바랍니다.

이 책자의 질문들을 다 답변하면 발견하게 될 당신의 영적 상태에 대한 결론을 공유할 수 있도록, 당신의 구역 순장이 기회를 제공해드릴 것입니다. 그렇게 하면 당신은 또 한 권의 '여행 가이드'를 만들게 될 것입니다. 지금부터 약 1년 후에 당신이 이 여행을 마칠 때쯤이면 당신이 경험한 영적 성장에 깜짝 놀라게 될 것입니다. 당신의 삶은 주님과 동행함으로 말미암아 영원히 변화될 것입니다.

질문들에 답하시면서, 당신의 과거의 그리스도인으로서의 삶에 대하여 솔직하게 평가하는 것을 두려워하지 마십시오. 다른 사람에게 안 좋게 보여질까 두려워하지 마십시오. 당신의 답변을 점검할 사람은 당신이 그리스도 안에서 성장하는 것을 돕도록 헌신된 사람입니다.

질문들에 대하여 어떻게 답할까 오래 생각하지 마십시오. 처음 떠오른 생각이 가장 정확한 답입니다. 당신의 현재의 성경 지식에 대하여 만족하십니까? 180, 181페이지의 질문이 이러한 내용을 평가하는 데 도움을 줄 것입니다. 성경에 관한 확고한 지식을 얻기 위해서 '성경개요' 과정에 참여하시기를 추천합니다.

준비되었으면 시작하십시오.

당신의 과거에 관하여

당신은 그리스도인이 된 지 얼마나 되었습니까?
- ☐ 6개월 미만
- ☐ 1년 미만
- ☐ 2년 미만
- ☐ 5년 미만
- ☐ 기타 : _____

당신의 기독교에 관한 경험은?
- ☐ 없음. 성경을 읽어 본 적이 없다.
- ☐ 주일학교에 참석한 적이 있다.
- ☐ 과거에 교회에 출석한 적이 있으나 믿지 않는다.
- ☐ 한동안 교회에 다녔으나 지금은 다니지 않는다.
- ☐ 그리스도인이 되었지만 헌신한 적은 없다.
- ☐ 기타 : _____

당신의 가족 중 그리스도인은?
- ☐ 없음. 내가 가족 중 유일한 그리스도인이다.
- ☐ 아버지
- ☐ 어머니
- ☐ 형제 혹은 자매
- ☐ 이름 : _____
- ☐ 기타 : _____

당신은 어떻게 그리스도인이 되었습니까?
- ☐ 가족의 영향을 받아서
- ☐ 친구의 영향을 받아서
- ☐ 존경하는 사람의 영향을 받아서(예 : 선생님)
- ☐ 설교를 들었거나 기독교 서적을 읽고
- ☐ 기타 : _____

당신의 거듭남의 체험은?
□ 극적이었다. □ 조용했다.
□ 잘 모르겠다. □ 거듭났는지 의심이 들 때가 있다.
□ 기타 : _____

당신의 부모의 종교는?
□ 기독교   □ 유교   □ 불교
□ 없음   □ 기타 : _____

당신은 과거에 어떤 종교를 믿었습니까?
_____

당신이 과거에 체험한 종교적 / 초자연적 경험을 기록하십시오.
_____
_____

당신이 일을 하고 있다면 총 근무기간은 얼마나 됩니까?
_____년 _____개월
위의 기간 동안 몇 종류의 일을 하셨습니까? _____종류

당신의 삶에 중요한 영향을 끼친 사람들의 이름을 적으십시오.
_____
_____

당신의 신앙에 관하여 타인과 대화할 때 어떻게 하십니까?
□ 자연스럽게 한다.   □ 망설인다.
□ 거의 하지 않는다.   □ 어떻게 해야 할지 모르겠다.
□ 기타 : _____

당신은 우리 교회에 출석하기 전에 그리스도인이었습니까?

당신이 현재까지 받은 기독교 교육은?
- □ 새가족반   □ 영적성장훈련
- □ 은사발견세미나   □ 전도폭발훈련
- □ 기타 : _____

당신이 과거에 참여했던 사역은?
- □ 찬양대 / 반주자 / 찬양과 경배
- □ 교회학교 교사 / 간사
- □ 장로 / 집사 / 부서장
- □ 청소년 사역   □ 기타 : _____

당신의 교회 생활은?
- □ 주일예배 참석 –   □ 정기적   □ 부정기적
- □ 교회학교 참석 –   □ 정기적   □ 부정기적
- □ 수요예배 참석 –   □ 정기적   □ 부정기적
- □ 성경공부 참석 –   □ 정기적   □ 부정기적
- □ 기타 : _____

과거 당신의 삶 속에서 잊을 수 없는 교훈이나 하나님께서 복 주신 내용을 세 가지만 기록하십시오.
1. _____
2. _____
3. _____

성경퀴즈 1

(본 퀴즈는 새신자용입니다. 만약 당신이 그리스도인이 된 지 1년이 지났으면, 아래 퀴즈는 생략하고 다음 페이지의 **성경퀴즈 2**로 가십시오).

왼쪽 내용과 관계되는 것을 오른쪽에서 찾아 번호를 기입하십시오.

_____ 사복음서	1. 예수님의 첫 번째 표적
_____ 바울	2. 성경의 마지막 책
_____ 임마누엘	3. 예수님이 탄생하신 곳
_____ 요셉	4. 예수님의 제자의 수
_____ 베드로	5. 우리의 죄 씻음
_____ 십계명	6. 위대하고 강한 자
_____ 물로 포도주를 만드심	7. 골리앗을 물리침
_____ 요한계시록	8. 마리아의 남편
_____ 가룟 유다	9. 예수님을 세 번 부인한 자
_____ 베들레헴	10. 모세에게 주어진 율법
_____ 열둘	11. 예수님의 생애를 기록한 책들
_____ 예수의 피	12. 성경 13권의 저자
_____ 다윗	13. 예수님을 배신한 자
_____ 삼손	14. 예수님의 다른 이름

<해답은 187페이지 하단에 있습니다.>

성경퀴즈 2

(본 퀴즈는 그리스도인이 된 지 1년이 지난 분을 위한 것입니다.)

왼쪽 내용과 관계되는 것을 오른쪽에서 찾아 번호를 기입하십시오.

_____ 기드온	1.	연못
_____ 롯	2.	성령 강림
_____ 바울	3.	노아의 아들들
_____ 예수님의 동생	4.	엘리사의 선생
_____ 밧모 섬의 죄수	5.	이스라엘의 사사
_____ 아론	6.	사람의 귀를 벤 자
_____ 가버나움	7.	예수님의 재림
_____ 나사로	8.	사단
_____ 셈, 함, 야벳	9.	하나님의 말씀
_____ 벳새다	10.	야고보
_____ 베드로	11.	아브라함의 조카
_____ 엘리야	12.	예수님께서 사시던 곳
_____ 도적같이 임함	13.	요한
_____ 오순절	14.	모세의 형
_____ 거짓의 아비	15.	죽은 자를 살리심
_____ 성령의 검	16.	디모데의 선생

<해답은 187페이지 하단에 있습니다.>

당신의 지나온 삶에 대하여 어떻게 생각하십니까?

당신의 삶을 잘 묘사했다고 생각되는 문장 앞의 공란에 V 표시하십시오.

- ☐ 내 과거의 삶을 돌아볼 때 대체로 만족스럽다.
- ☐ 내가 다시 살 수 있다면 나의 과거를 바꾸고 싶다.
- ☐ 인생은 값진 것이다. 나는 나의 삶에 최선을 다하고 있다.
- ☐ 나는 가족, 친지 등 다른 사람들과 좋은 관계를 유지하고 있다.
- ☐ 나는 다른 사람과 갈등이 생겼을 때 쉽게 해결하는 편이다.
- ☐ 나는 사랑을 주고받으며 긴밀한 관계를 형성할 수 있다.
- ☐ 때때로 나는 중요하지 않으며, 사랑받지 못한다는 생각이 든다.
- ☐ 다른 사람들이 나를 아는 것이 두렵지 않다.
- ☐ 나에 관하여 다른 사람이 자세히 아는 것을 원하지 않는다. 친구를 깊이 사귀거나 친구와 느낌을 공유하는 것을 원치 않는다.
- ☐ 내 인생에 있어서 돈이 제일 중요하다.
- ☐ 돈은 인생에 있어서 중요한 것이 아니다. 빈부에 관계없이 행복하다.
- ☐ 나는 받는 것보다 주는 것이 더 행복하다.
- ☐ 나는 주를 믿게 된 후부터 믿음에 기초해서 살고 있다.
- ☐ 나는 다른 그리스도인의 영향을 받은 적이 없다.
- ☐ 지난 수개월 동안 나의 영적 삶과 사역에 관하여 아무도 관심을 갖지 않았다.
- ☐ 나의 가치관은 기독교적인 것과 세속적인 것이 섞여 있는 것 같다.
- ☐ 나는 그리스도가 내 삶의 주인이라는 것을 안다. 전적으로 순종하는 삶을 살고 싶은 생각이 있다.
- ☐ 나는 은사에 관하여 잘 이해하고 있다.
- ☐ 나는 은사에 관해 잘 모른다. 도움이 필요하다.

- 나는 하루 중 일정한 시간을 정해서 성경을 읽고 기도한다.
- 나는 성경공부를 깊이 있게 하고 싶다.
- 성경구절을 외우는 것은 중요하다고 생각한다.
- 나는 신약성경을 완독한 적이 있다.
- 나는 구약성경을 완독한 적이 있다.
- 나는 사람들과 나의 신앙에 관하여 간증할 용의가 있다.
- 나의 신앙에 관하여 사람들과 나눌 수 있기 위해서 도움이 필요하다면 도움을 받을 용의가 있다.
- 나는 불신자를 전도하기 위하여 기도한 적이 있다.
- 나는 불신자를 그리스도께로 인도하는 일에 참여하고 싶다.

나의 학습 방법은?

- ☐ 많이 읽는 편이다. 책은 내게 가장 중요한 학습 방법이다.
- ☐ 가끔 읽는 편이다. 책은 내 스타일이 아니다.
- ☐ 경험을 통해 배운다. 관찰과 참여가 나의 학습 방법이다.
- ☐ 카세트테이프를 자주 듣는 편이다. 이것이 내 삶의 한 부분이다.
- ☐ 사람을 통해 배운다. 내가 원하는 것을 아는 사람을 찾고, 그를 통해 필요한 것을 배운다.
- ☐ 특별한 방법이 없다. 배우는 것을 좋아하지 않는다.

아래 행동을 읽고, 당신이 생각하는 우선순위를 적어 보십시오.
(가장 중요한 것부터 1, 2, 3……의 순으로 적으십시오.)

_____ 다른 사람의 문제를 도와준다.
_____ 친구들과의 모임에 음식을 장만해서 참여한다.
_____ 컴퓨터 작업을 하거나 내 힘으로 필요한 일을 한다.
_____ 경쟁적인 운동을 한다. (테니스 등)
_____ 음악을 듣거나 기구를 가지고 즐긴다.

당신이 가장 중요하다고 생각하는 내용이 위에 없으면, 아래 빈칸에 적으십시오.

_____
_____

견고한 진

성경은 우리 삶에 '견고한 진'이 있다고 말씀합니다. 이러한 것들은 우리가 항상 패배, 낙담, 두려움 등을 느끼게 되는 영역들입니다. 우리는 이러한 것들 때문에 앞으로 나아갈 수 없게 되기도 합니다.

'견고한 진'은 우리를 영적으로 좌절시킬 수 있습니다. 그것들은 우리에게서 평강, 사랑, 그리고 하나님과의 깊은 교제를 빼앗아 갑니다. 무거운 중압감이 오래 지속되면 그러한 것들의 힘은 더 커지게 됩니다.

당신은 어떤 부분에서 좌절한 경험이 있습니까? 우리 대부분은 그런 것들과 홀로 싸워 이길 힘이 없습니다.

사도행전에서, 우리는 많은 사람들이 성령 충만한 사람들의 도움을 받아서 사역에 임하게 되는 경우를 볼 수 있습니다.

당신의 조력자(후원자)와의 만남은 당신이 그러한 '견고한 진'을 깨뜨리고 이길 수 있는 전환점이 될 수도 있습니다. 당신의 조력자와 함께 '견고한 진'에 대하여, 이길 수 있다는 확신을 가지고 나누십시오.

우리 주 예수 그리스도는 어떠한 '견고한 진'보다도 능력이 있습니다. 당신이 전적으로 두려움과 낙담으로부터 벗어날 수 있다는 것이야말로, 하나님의 자녀로서 당신이 누릴 수 있는 장자의 축복인 것입니다.

다음에는 많은 사람들에게 흔히 있는 '견고한 진'이 나열되어 있습니다. 기도하면서, 당신에게 해당되는 것에 V 표시 하십시오.

견고한 진

당신에게 해당되는 것에 V 표시하시기 바랍니다.

☐ 부모님과의 관계가 좋지 않다. 어쩌면 그 때문에 하나님께서 참으로 나를 사랑하신다는 것이 믿어지지 않는 것인지도 모른다.

- 과거에 지은 죄들 때문에 나 스스로를 용서하지 못한다. 나는 나 자신을 좋아하지 않는다.

- 과거에 부당한 대우를 받았고, 마음의 상처를 받았다. 그런 일들이 기억날 때마다 내적 분노로부터 자유로워지기가 어렵다.

- 내 삶을 지배하는 죄와 나쁜 습관들이 있다. 끊으려 노력하지만 잘 안 된다. 그러한 것들의 포로가 된 것같이 느껴진다.

- 나는 성적인 문제에 어려움을 겪는다. 성적인 유혹과 그에 따른 나쁜 습관들을 절제하지 못하고, 그로부터 벗어나지 못한다.

- 나는 중독 증세가 있다 : 과식, 도박, 상습적 거짓말, 계속 잠, 마약, 알코올 등.

- 나는 때때로 돈이나 소유에 대한 욕구가 나를 사로잡는 것을 느낀다.

- 나는 때때로 분노를 억제하지 못할 때가 있다. 쉽게 분노가 일어날 뿐 아니라 억제하지 못하고 쉽게 폭발한다.

- 나는 쉽게 불안해 한다. 때로는 그 이유조차도 모를 때가 있다. 아주 사소한 일 때문에도 불안해 한다.

- 나는 자주 두려움을 느낀다. 이러한 두려움이 갑자기 나를 사로잡으며, 그것은 아주 강력하다. 예를 들면, 어두움 속에 갇혀 있는 것같음, 혼자 남겨진 느낌, 질병과 죽음에의 공포 등이다.

- 나는 가끔 심각하게 자살을 생각해 본다.

- 성경을 읽을 때나 기도할 때, 집중이 잘 안 될 때가 있다. 그럴 때면 마치 졸린 것 같은 느낌이 든다.

- 과거에 비교(秘敎) / 사교(이단 종교)에 참석한 적이 있다.
  (예 : 강신술, 무당 등)

□ 과거에 나는 열렬한 우상숭배자였다.

□ 지금도 나의 집에는 우상이나 그 형상을 새긴 것이 있다.

□ 나는 부모에 의해 우상에게 바쳐진 적이 있다.

 • 성경퀴즈 1 정답

11, 12, 14, 8, 9, 10, 1, 2, 13, 3, 4, 5, 7, 6
* 만약 3개 이상 틀렸으면 '성경개요'를 공부하시기 바랍니다.

 • 성경퀴즈 2 정답

5, 11, 16, 10, 13, 14, 12, 15, 3, 1, 6, 4, 7, 2, 8, 9
* 만약 3개 이상 틀렸으면 '성경개요'를 공부하시기 바랍니다.

소그룹(구역, 순)의 삶은 당신에게 중요합니다

교회는 크게 두 개의 날개로 날아오르는 독수리와 같습니다.

많은 사람들은 모든 지식은 책을 읽음으로 얻는다고 믿습니다.

오늘날 교회의 지도자들은 신학대학(원)에서 전문적인 교사들에 의해서 훈련을 받습니다. 그리고 그것으로 충분히 교회의 지도자가 될 수 있다고 생각하는 경향이 있습니다.

그러나 그러한 생각에는 오류의 가능성이 있습니다. 우리가 살아가며 배우는 많은 것들은 경험을 통해서 얻어지는 것이지, 단지 가르쳐지는 것만이 아닙니다. 그러므로 우리의 가장 중요한 학습 방법은 다른 사람들을 관찰하고 경험하는 것입니다.

다른 사람들을 관찰하고 그들의 삶에서 배우는, 또는 모방하는 학습방법을 모델링(modeling)이라고 합니다.

당신의 삶을 돌아보십시오.

당신의 삶의 유형을 위해 모델로 삼았던 사람이 있습니까?

아래 빈칸에 그 사람들의 이름을 적어 넣으십시오.

1. _____
   _____
2. _____
   _____

공동체에서 다른 사람들과 관계를 형성하는 기술은 독서를 통해서 얻어지는 것이 아닙니다. 관계를 맺기 위해서는 다른 사람들이 그렇게 하는 것을 주의 깊게 관찰해야 합니다. 책들은 인간관계에 관한 정보를 제공할 수 있습니다. 그러나 우리는 다른 사람들이 책들에서 말하고 있는 대로 행하고 있는 것을 관찰해야 합니다.

그것이 바로 모든 사람들이 부모나 형제, 자매 등을 자신의 모델로 삼게 되는 이유입니다. 이러한 사람들이 우리의 가치를 형성해 줍니다. 그들은 또한 보다 큰 공동체의 분위기를 설정해 줍니다. 우리는, 우리가 닮아 가야 하며 그들의 행동을 배워야 할 사람들과의 관계가 필요합니다.

구역(셀)은 그리스도인들 사이에서 발생해야 할 이러한 모델링을 위하여 하나님께서 만들어 주신 공동체입니다.

도시 생활을 하는 사람들은 공동체의 삶이라는 것이 무엇인지 잘 이해하지 못합니다. 어쩌면 당신이 당신의 구역에 참여한 것이 당신 생애에 처음으로 진정한 공동체에 가입한 것인지도 모릅니다.

전심을 다해서 새로운 경험을 해보십시오. 당신의 삶에 있어서 좋은 모델로 삼을 만한 성숙한 그리스도인을 발견하게 될 것입니다. 시간이 지나면, 당신 자신이 주 안에서 당신보다 영적으로 어린 사람들에게 좋은 모델이 될 수 있을 것입니다.

우리는 공동체에 가입하여서 공동체에 관하여 배우게 됩니다. 그러나 단지 관찰하는 것만으로는 아무것도 배울 수 없습니다. 사랑을 주는 것뿐 아니라 받는 것도 배우십시오. 다른 사람들에게 관심을 기울이는 것을 배우십시오. 너무 많이 이야기하거나 토론을 주도함으로 구역을 주도하려 하지 마십시오. 당신이 구역에서 얻으려 하기보다는, 당신 자신을 주려는 마음으로 구역에 임하시기 바랍니다.

"저의 조력자가 되어 주시겠습니까?"

모든 구역원들은 서로에게 덕을 세우고 서로 사랑하는, 살아 있는 삶의 사슬의 한 부분입니다. 서로에게서 도움을 받고, 도움을 주기도 하는 이것이 바로 신약성경에서 가르치는 교회의 유형입니다.

어쩌면 당신이 성경을 많이 알지 못하기 때문에, 또는 기도 생활을 잘 하지 못하기 때문에 '나는 이류 그리스도인이 아닌가?' 하는 생각을 하실지도 모릅니다. 그러나 그런 생각은 잘못된 것입니다.

마틴 루터는 "복음으로 무장한 가장 순박한 농부가 교황보다도 더 강하다!"라고 말했습니다.

그리스도 안에서 당신이 성장하는 것은, 당신이 소속되어 있는 구역(셀) 안에 당신보다 서너 발자국 앞서 있어서, 당신이 성장하기 위해서 어느 방향으로 가야 할지를 보여 줄 수 있는 구역원과의 관계에 달려 있습니다.

당신의 구역장의 사역 중 하나는 당신에게 필요한 조력자를 배정해 주는 것입니다. 그 조력자는 정기적으로 당신을 만나서, 당신이 그리스도인으로 자라갈 수 있도록 도와줄 수 있는 사람을 의미합니다.

당신의 구역장의 안내를 받아서, 누가 당신의 조력자가 될 수 있는지 발견하시기 바랍니다. 비록 당신이 조력자의 도움을 받아 신앙생활을 하게 되지만, 당신의 도움을 필요로 하는 당신의 피조력자가 있을 수 있다는 것을 꼭 기억하시기 바랍니다.

그러므로 당신이 주 안에서 성장해 가는 동안, 당신도 누군가를 도와주라는 부르심을 받게 될 것입니다. 그러면 당신은 당신의 피조력자를 도와줄 수 있어야 하며, 이것이 바로 당신이 조력자가 되는 것입니다.

당신이 효과적으로 그 일을 감당할 수 있을지는 걱정하지 않아도 됩니다. 왜냐하면 당신의 조력자가 항상 당신을 도울 것이기 때문입니다. 만약 당신

의 조력자가 당신이 조력자의 역할을 수행하는 것을 도와줄 수 없다면, 구역(셀)이나 교구 내의 누군가가 반드시 당신을 도와줄 것입니다.

항상 당신의 조력자와 연락을 취하십시오. 정기적으로 일주일에 한 번씩 만나십시오. 정기적 만남 외에도 특별한 필요에 따라, 또는 좋은 교분을 맺기 위하여 여러 시간씩 만날 수 있기를 바랍니다.

비록 당신의 구역장이 항상 당신을 도울 수 있는 준비가 되어 있지만, 당신을 가장 빨리 도울 수 있는 사람은 당신의 조력자입니다.

당신이 영적으로 성장함에 따라 당신의 조력자, 당신 자신, 그리고 당신의 피조력자가 함께 기도하며, 삶을 나눌 수 있는 특별한 '삼중구조(triplet)'가 형성됩니다.

당신의 구역(셀)이 성장해서 분리해 나갈 때, 통상 6개월부터 1년 내에, 당신은 새로운 연결고리(삼중구조)를 형성할 것입니다. 그러나 한번 맺어진 믿음 안에서의 연결고리는 사라지지 않을 것입니다.

당신이 알고 있어야 할 중요한 사실은, 당신의 구역(셀) 안에 있는 모든 사람들은 그리스도 안에서 성숙해 가는 각자의 여행 지도를 가지고 있다는 것입니다.

당신이 당신의 구역에 참여하게 된 첫 해에 특별한 기본적 훈련 과정들이 준비되어 있습니다. 이러한 훈련들은 당신을 위해 마련된 성령의 특별하신 사역으로 당신을 안내할 것입니다.

특별한 '영적 무장의 해(the year of equipping)'야말로 당신의 그리스도인으로서의 삶에 있어서 영원히 잊혀지지 않을 중요한 해로 기억될 것입니다.

그리스도 안에서 여행을 할 때 당신이 알아야 할 첫 번째 중요한 것은 당신의 여행의 최종 목적지입니다. 많은 그리스도인들이 뚜렷한 목적 없이 몇 년간 방황하는 것을 볼 수 있습니다. 그것은 주의 사역을 위해서 어떻게 준비되어야 하는지 심각하게 생각해 보지 않기 때문입니다.

　두 번째는 여행을 위해 어떻게 준비되어야 하는가 하는 점입니다. 당신이 이 여행을 위해 현재까지 준비한 것이 있습니까? 더 개발되어야 할 분야는 무엇입니까? 당신의 가치관은 하나님의 나라에서 살아가기에 적절한 것입니까? 이 여행을 위해서 당신이 이제까지 지니고 있던 낡은 여행가방은 던져 버렸습니까? 하나님의 음성을 듣는 법을 어떻게 배우셨습니까? 당신은 다른 사람들에게 하나님의 사랑을 전하는 통로가 되어 있습니까?

　다음 페이지에서 당신은 당신의 현재의 영적 상태를 확인해 볼 수 있는 질문들을 대하게 될 것입니다. 모든 질문에 대하여, 우리 교회는 당신의 문제를 해결할 수 있도록 준비시켜 주는 역(station)들을 준비하고 있습니다. 당신의 여행의 각 역은 수주 동안 당신이 도움과 안내를 필요로 하는 분야에 관하여 집중적으로, 그리고 전문적으로 도와드릴 것입니다.

　질문들에 대해서 진실하게 답하시기 바랍니다. 답변이 마음에 들든지 들지 않든지 할 수 있는 한 진실하게 답하십시오.

　하나님께 당신의 생각을 인도해 달라고 기도하고 질문에 답하시기 바랍니다.

영적 상태 점검 질문

☞ (그렇다 + ; 그렇지 않다 −)

_____ 제1역 : 구원의 확신이 있다.
그리스도인이 되어서 천국에 간다는 것이 무엇을 의미하는지 이해한다. 그리고 이러한 것을 다른 사람에게 나의 간증과 성경말씀을 인용하면서 나눌 수 있다. (새가족반, 전도학, 전도폭발훈련)

_____ 제2역 : 나의 가치체계가 수정되었다.
그리스도인으로서의 삶에 부적절한 가치체계를 버리고, 나의 삶에 필요한 가치관을 수립하였다. (새가족반, 영적성장훈련, 성경개요)

_____ 제3역 : 구역(셀)이 우선이다.
하나님의 자녀가 되는 것이 중요한 일이며, 구역활동에 적극적으로 참여하여 덕 세우기를 삶의 우선순위로 생각한다. (새가족반, 영적성장훈련)

_____ 제4역 : 영적 여행이 기독교 가치관에 의해 인도된다.
'영적 무장의 해'에 여러 가지 훈련과정이 있는 것을 이해하며, 그리스도인으로서 평생을 살며 사역하기 위해서 이러한 과정들에 참여하기로 작정하였다. (성경개요, 영적성장훈련, 은사발견세미나)

_____ 제5역 : '견고한 진'들을 대면하였고 극복되었다.
나의 삶에 있어서 '견고한 진'이 무엇인지 파악하였고, 이를 깨뜨리기 위해서 교역자나 구역원들의 사역을 받아들인 경험이 있다. (영적성장훈련, 내적치유, 영적전쟁)

_____ 제6역 : 성경적인 청지기 정신이 삶에 실현되고 있다.
종은 주인에게 온전히 순복해야 하며, 주인이 종의 모든 필요를 채워준다는 데에 동의한다. 그러므로, 당신은 교회의 사역을 지원하기 위해서 신실하게 십일조를 드린다. (영적성장훈련, 성경개요)

_____ 제7역 : 매일 끊임없이 기도하고 있다.
나는 기도할 줄 알며, 매일 경건의 시간을 통하여 하나님의 음성을 듣는다. 삶의 여러 가지 상황에 대하여 기도로써 반응한다. (영적성장훈련, 중보기도)

_____ 제8역: 기쁨으로 예배드린다.
개인 / 집단적 예배를 통해 하나님의 임재를 경험한다. (영적성장훈련)

_____ 제9역 : 나의 삶은 섬김의 삶이다.
나는 다른 사람들의 필요에 민감하며, 천한 일을 통해서라도 기꺼이 그들을 돕는다. 내가 섬기는 사람들에 관하여 편견이 없다. (영적성장훈련, 은사발견세미나)

_____ 제10역 : 나는 은혜의 선물을 위한 하나님의 통로이다.
나는 성령 충만이 그리스도인의 삶에서 얼마나 중요한지 알며, 성령의 은사들이 사역에 사용될 수 있도록 나를 그 통로로 드린다. (새가족반, 성령론, 성경개요)

_____ 제11역 : 영적 은사들이 삶에서 정기적으로 사용된다.
나는 항상 성령의 충만을 경험하며, 동료 성도들의 덕을 세우는 일에 은사들을 활용한다. 신유와 영혼 구원의 사역에 동참하며, 불신자 전도에 힘쓴다. (은사발견세미나, 성령론, 전도학, 전도폭발훈련)

_____ 제12역 : 말씀과 성경 공부에서 배운 대로 살아간다.
나는 일을 할 때나 공부를 할 때 높은 수준의 일관성을 유지한다. (영적성장훈련, 성경개요, 성경대학)

_____ 제13역 : '어린 자'들에 대한 사역이 시작되었다.
나는 새신자를 위한 조력자가 되었다. 구역(셀) 내에 있는 상처 있는 사람에 대하여 관심이 있으며, 그들을 돌보고 그들을 위하여 기도한다. (조력자교육, 일대일지도자훈련, 전도폭발훈련-훈련자)

_____ 제14역 : 영적 전쟁을 수행한 적이 있다.
나는 다른 사람들의 삶이나 지역을 다스리는 사단의 권세에 대항하는 법, 그리고 주님의 권세로 그들과 싸워 이기는 법을 배웠다. (영적전쟁, 거리기도, 중보기도)

_____ 제15역 : 가족들과 기독교적 관계가 이루어져 있다.
나는 가까운 친척들과 같이 지낼 때 하나님을 영화롭게 하며, 하나님 나라의 삶이 어떠한 것인가를 드러낸다. (전도학, 부부세미나)

_____ 제16역 : 다른 사람을 전도한 적이 있다.
나는 불신자에게 복음을 전하고, 그가 그리스도를 영접하는 것을 도우며, 내가 속한 구역으로 인도한 경험이 있다. (전도학, 전도폭발훈련)

_____ 제17역 : 초신자가 전도할 수 있도록 양육한 적이 있다.
나는 다른 구역원이 불신자를 전도하고 구역으로 인도하도록 도와준 적이 있다. (조력자교육, 전도학, 일대일지도자훈련, 전도폭발훈련-훈련자)

_____ 제18역 : 타 구역원들과 특별구역(셀)에 참여한 적이 있다.
두세 사람의 다른 구역원들과 불신자들을 인도하기 위하여 특별 구역(셀; 취미나 직업별)을 형성한 적이 있다. (은사발견세미나, 전도학)

_____ 제19역 : 구역장 후보로 사역 훈련을 받았다.
구역장으로 부름 받고, 부구역장세미나에 참여했다. (부구역장세미나)

_____ 제20역 : 교구장 후보로 사역 훈련을 받았다.
교구장으로 부름 받고 부교구장세미나에 참여했다. (부교구장세미나)

_____ 제21역 : 지도자 훈련을 받았다.
목자의 심정을 갖고 사역을 위하여 다른 사람들을 인도하게 되었다. 특별한 사역을 인도한 적이 있으며, 나를 대체할 새로운 지도자(구역장, 교구장)를 발굴하고 훈련시킨 적이 있다.

_____ 제22역 : 특수 사역 지도자 훈련을 받았다.
특수 사역으로 부름 받고, 특수 그룹에 참여하여 사역하고 있다.

_____ 제23역 : 교역자로 부르심을 받았다.
나의 신변을 정리하고, 교회에서 전담 사역자(전도사 또는 부목사)로 받아들여졌다. 그리고 전임 사역자가 되기 위하여 준비 중이다.

_____ 제24역 : 교회 개척을 위해 부르심을 받았다.
교역자로서의 사역 경험(전도사, 지역 목사, 또는 부목사)이 있다. 지역 또는 선교지에서 교회를 개척하도록 부름을 받았다. 이미 교회 개척의 경험이 있다.

'영적 무장의 해'를 시작할 날짜

당신의 구역장과 상의하면서 다음의 내용을 완성하십시오.

오늘 날짜 : _____
(달력을 참조하면서 아래 질문에 답하시기 바랍니다.)

1. '새가족반'을 시작할 날짜(4주 소요) : _____

2. '영적성장훈련'을 시작할 날짜(6주 소요) : _____

3. '은사발견세미나'를 시작할 날짜(6주 소요) : _____

4. '전도폭발훈련'을 시작할 날짜(16주 소요) : _____

5. '일대일제자양육'을 시작할 날짜(16주 소요) : _____

6. '조력자교육'을 시작할 날짜(6주 소요) : _____

7. 성경개요 공부를 시작할 날짜 : _____
   (성경개요는 다른 과정과 동시에 참여할 수 있습니다.)

개인 간증을 준비하는 요령

당신의 거듭남의 체험을 기억해 내십시오.

그 체험을 두세 문장 정도로 간단히 요약해서 기록해 보십시오. 이때에 사도행전 26장 1~29절의 사도 바울의 간증을 참조하시면 도움이 됩니다.

그리스도인이 되기 전의 저의 삶은 다음과 같습니다.
_____
_____
_____
_____

제가 예수님을 영접하게 된 이유 / 환경은 다음과 같습니다.
_____
_____
_____
_____

실제로 그리스도를 영접하게 된 과정은 다음과 같습니다.
_____
_____
_____
_____

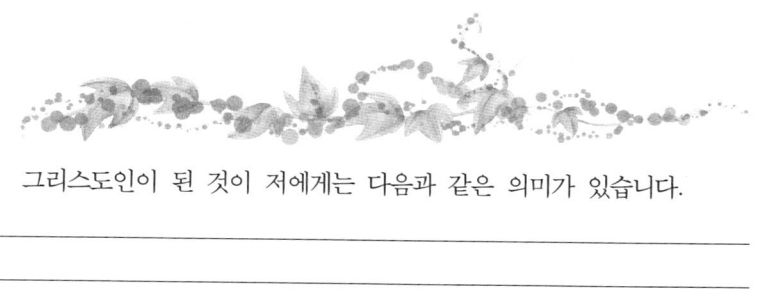

그리스도인이 된 것이 저에게는 다음과 같은 의미가 있습니다.

_____
_____
_____
_____

　간증을 마칠 때, "당신에게도 이런 일이 일어난 적이 있습니까?" 라는 질문으로 마치면 좋습니다.

| 판 권 |
| 소 유 |

새신자를 위한 가이드
교회에서 알아야 할 50가지

2008년 10월 15일 인쇄
2008년 10월 20일 발행

지은이 | 정봉기
발행인 | 이형규
발행처 | 쿰란출판사

주소 | 서울 종로구 이화동 184-3
TEL | 02-745-1007, 745-1301, 747-1212, 743-1300
영업부 | 02-747-1004, FAX / 02-745-8490
본사평생전화번호 | 0502-756-1004
홈페이지 | http://www.qumran.co.kr
E-mail | qumran@hitel.net
　　　　　　qumran@paran.com
한글인터넷주소 | 쿰란, 쿰란출판사

등록 | 제1-670호(1988.2.27)

책임교열 | 박은아·송은주

값 9,000원

ISBN 978-89-5922-631-3　93230

* 이 출판물은 저작권법에 의해 보호를 받는 저작물이므로 무단 복제할 수 없습니다.
　잘못된 책은 교환해 드립니다.